AF363444

P.-J.-M. FALLOUARD

Organiste de Sainte-Catherine de Honfleur.

NOTICES

BIOGRAPHIES

ET

VARIÉTÉS MUSICALES.

HONFLEUR

C. de BAUDRE, imprimeur du Commerce, rue du Puits, 2.

1855.

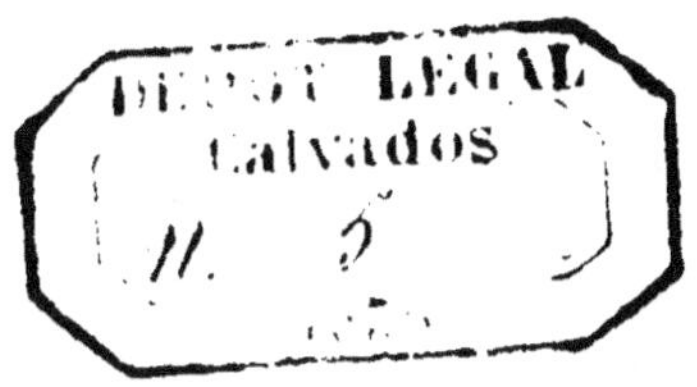

NOTICES

BIOGRAPHIES

ET

VARIÉTÉS MUSICALES.

NOTICES

BIOGRAPHIES

ET

VARIÉTÉS MUSICALES

PAR

P.-J.-M. FALLOUARD

Organiste de Sainte-Catherine de Honfleur.

HONFLEUR

C. de BAUDRE, imprimeur du Commerce, rue du Puits, 2.

1855.

DÉDICACE.

A MES ENFANTS , — A MES AMIS.

C'est à vous , à qui je dédie ce livre.
Puisse, sa lecture, vous offrir quelque intérêt
et vous faire apprécier de plus en plus l'art
divin de la musique ; c'est là le but que je
me suis proposé en l'écrivant ; heureux si je
l'ai atteint.

P.-J.-M. FALLOUARD.

Honfleur , 1er Décembre 1855.

— Vers 1600 , Mérula (Tarquino) , chevalier de l'éperon-d'or , naquit à Bergame. Il fut d'abord maître de chapelle de l'église cathédrale et organiste de Ste-Agathe , à Crémone. Ce maître qui était fort habile contrepointiste , composa dans ce genre de fort singulières plaisanteries.

On cite des fugues sur les déclinaisons de *hic, hæc, hoc* , et de *quis vel qui* , *nominativo qui* , *quæ* , *quod*. Ces fugues représentent des écoliers qui récitent devant leur maître, ce qu'ils ne savent pas bien. La confusion , les *embrouillamini* , les barbarismes des écoliers mêlés aux cris du maître qui entre en fureur et leur distribue des férules , eurent les plus grands succès.

2

— Rameau (Jean-Philippe), qui naquit à Dijon, le 25 octobre 1683, était fils d'un organiste. Il fut l'élève de son père et suivit jusqu'à un certain âge cette carrière, qui fut pour lui plus ou moins agréable. Après avoir occupé beaucoup de places, il accepta les propositions qui lui furent faites par le chapitre de la cathédrale de Clermont, en Auvergne. Mais il ne tarda pas à se trouver à l'étroit dans cette ville. Le sentiment de ses forces lui faisait désirer d'aller à Paris pour y faire imprimer son *Traité d'Harmonie* qu'il venait de terminer. Il demanda à MM. du chapitre la résiliation de son engagement. Ceux-ci s'y étant refusés, Rameau eut recours à un moyen extraordinaire pour se tirer d'embarras.

Le samedi de l'octave de la Fête-Dieu, à l'office du matin, Rameau mit simplement la main sur le clavier au premier et au second verset, ensuite il se retira et ferma les portes avec fracas ; on crut que le souffleur manquait et cela ne fit aucune impression; mais au salut du soir, il fut impossible de prendre le change, et l'on vit qu'il avait résolu de témoigner son mécontentement par celui qu'il allait donner aux autres. Il tira les jeux de l'orgue les plus bruyants et y joignit des dissonnances les plus désagréables. Il avait mis tant d'art dans le mélange des jeux et dans l'assemblage des dissonnances les plus heurtées, que les connaisseurs avouaient que Rameau seul était capable de jouer aussi désagréablement.

Le chapitre lui fit faire des reproches ; il répondit qu'il ne jouerait jamais autrement si l'on persistait à lui refuser sa liberté. On se rendit : le bail fut dé-

truit. Il témoigna sa satisfaction en donnant des pièces admirables qui firent passer dans l'âme des assistants tous les sentiments qu'il voulait leur inspirer,
et qui rendirent plus vifs les regrets de sa perte.

——

— Haydn (François-Joseph), naquit le 31 mars
1732, à Rorhau, bourg situé à quinze lieues de
Vienne, son père exerçait la profession de charron
et sa mère, avant son mariage, avait été cuisinière
au château du comte de Harrach, seigneur du village.

Nous lisons dans la vie de cet illustre compositeur
qu'il nous reste de lui un morceau très comique :
c'est une symphonie pendant laquelle tous les instruments disparaissent successivement de façon qu'à
la fin le premier violon se trouve jouer tout seul.
Cette pièce singulière à fourni trois anecdotes, qui
toutes sont attestées à Vienne par des témoins
oculaires. Les uns disent que Haydn, s'apercevant
que les innovations qu'il apportait dans l'orchestration, le faisaient voir d'un mauvais œil par les musiciens du prince Esterhazy, voulut se moquer
d'eux.

Il fit jouer sa symphonie sans répétition prélimi-
naire devant son Altesse qui avait le mot de l'énig-
me : l'embarras des musiciens qui croyaient s'être
trompés et surtout la confusion du premier violon,
quand à la fin il s'entendait jouer seul, divertit la
cour d'Eisenstadt.

D'autres assurent que le prince voulant congédier

tout son orchestre, à l'exception de Haydn , celui-ci
trouva ce moyen ingénieux de figurer le départ général et la tristesse qui s'ensuivrait : chaque musicien sortait de la salle à mesure que sa partie avait
fini.

D'autres encore disent que , parmi les musiciens
attachés au prince Esterhazy , il en était plusieurs
qui , durant le séjour qu'il faisait sur ses terres, é-
taient obligés de laisser leurs femmes à Vienne. Le
prince , une fois prolongea son séjour au château
d'Esterhazy beaucoup au delà du terme ordinaire.
Les maris désolés prièrent Haydn d'être leur interprète. L'idée originale lui vint aussitôt d'écrire une
symphonie dans laquelle chacun des instruments se
taisait l'un après l'autre avec cette indication : *Ici
on éteint sa chandelle*. Chaque musicien à son tour
exécuta ce qui était prescrit, se leva, et partit. Cet
pantomime eut tout le succès désiré , le prince,
dès le lendemain , donna l'ordre du retour dans la
capitale.

On raconte aussi qu'Haydn , imagina un jour une
singulière plaisanterie pour amuser la société du
prince.

Une foire se tenait dans un bourg de Hongrie voisin l'Eisenstadt, il alla y acheter plein un panier de
sifflets , de petits violons , de mirlitons , de petits
tambours , de trompettes de bois , de coucous , en
un mot de tous les instruments qui font le bonheur
des enfants. Il prit la peine d'étudier leur portée et
leur caractère et composa la symphonie la plus comique avec ces seuls instruments, quelques-uns même disaient des *solo*.

— Nous lisons dans l'histoire de la musique par
Caffiaux, que Bertault, fondateur de l'école de violoncelle de France, au commencement du XVIIIe
siècle, racontait souvent l'anecdote suivante qui fait
connaître son génie, nous copions textuellement
l'historien :

« Tandis que Bertault jouissait à Paris (vers 1739)
« de la gloire de n'avoir aucun égal, un ambassadeur
« ami de la musique, l'engagea à venir faire les déli-
« ces d'une nombreuse compagnie qu'il avait assem-
« blée. Le musicien complaisant obéit : il se présen-
« ta, joua et charma. L'ambassadeur satisfait lui fit
« donner huit louis, et donna ordre de le conduire
« à son logis dans son propre carosse. Bertault,
« sensible à cette politesse, mais ne croyant pas ses
« talents assez bien récompensés par un présent si
« modique, remit les huit louis au cocher en arri-
« vant chez lui, pour la peine que celui-ci avait eue
« de le reconduire. L'ambassadeur le fit venir une
« autre fois, et sachant la générosité qu'il avait faite
« à son cocher, il lui fit compter seize louis et or-
« donna qu'on le reconduisît encore dans sa voiture.
« Le cocher qui s'attendait à de nouvelles largesses
« avançait déjà la main, mais Bertault lui dit : Mon
« ami, je t'ai payé pour deux fois, et il garda ses
« seize louis. » — Bertault mourut en 1756.

— Le fameux orgue de Fribourg si célèbre dans
toute l'Europe est mis au rang des objets de curiosité qu'aucun touriste ne peut se dispenser de connaître. Dans les voitures publiques, aux tables d'hôte,

partout on entend vanter ses effets surprenants et son incomparable imitation des voix humaines ; l'on cite des anglais regrettant de n'avoir pu entendre l'orgue parce que le jour où ils s'étaient présentés à l'église, on n'avait fait qu'y chanter.... cependant c'était l'orgue qu'ils avaient entendu... — Une dame d'esprit qui avait pris part à la conversation, ajouta : il faut pourtant convenir qu'il y a quelque chose à désirer : c'est qu'on ne sait si *l'on chante* du latin ou de l'allemand....

———

— Un espagnol qui se trouvait à Fribourg disait un jour il faut pourtant qu'avant de partir, j'aille entendre ce fameux orgue dont on parle tant. C'était le jour de la Pentecôte ; il fut à l'église où l'on chantait une messe *en musique* à grand orchestre, accompagnée par une masse d'instruments très médiocres placés dans la vaste tribune de l'orgue. Le peuple y mêlait sa voix, les cloches sonnaient en grande volée; une énorme roue placée dans le chœur agitait les grelots et les sonnettes dont elle était entourée ; l'orgue retentissait de son côté au milieu du vacarme. — Ah ! disait notre amateur en sortant : quelle admirable chose que cet orgue ! et que j'aurais de regrets d'être parti sans l'entendre !.. — A l'opposé de ces anglais qui auraient vanté, sans le savoir, une chose qu'ils croyaient n'avoir pas entendue, l'espagnol vantait ce qu'il ne lui avait pas été possible de distinguer au milieu du bruit.

———

— On demandait un jour à Pierre-François Dallery, facteur d'orgues, né en 1764, s'il avait beaucoup de travaux « ne m'en parlez pas, répondit-il , je ne sais où donner de la tête : *j'en ai aux quatre pôles.* »

———

— **M. J.** Régnier de Nancy, auteur d'un livre très remarquable ayant pour titre *l'Orgue*, rend compte dans les termes suivants d'un concours pour une place d'organiste à la cathédrale de X... dont il a été témoin.

« Quatorze candidats y figurèrent , et pas un des quatorze ne fut admis.

« Nous le répétons, pas un, quoiqu'ils eussent tous plus d'une qualité. L'un improvisait toujours et ne lisait jamais ; il nous eût fait, même avec un talent réel, retomber tôt ou tard dans le radotage qui a perdu l'école. L'autre lisait assez bien, mais la valse ou l'ouverture d'opéra lui paraissait le sublime de l'introït et de l'offertoire. Un autre ne savait pas accompagner le plain-chant. Un quatrième ; qui n'improvisait guère, ne lisait pas mieux. Un cinquième se figurait qu'il suffisait d'être fort sur le piano, encore ne l'était-il guère. Un sixième eût joué aussi bien du piano que de l'orgue , et aussi bien de l'orgue que du piano, s'il eût pu aller en mesure, mais il prétendait qu'en Lorraine, surtout en Alsace on n'y regardait pas de si près. Le septième sentait horriblement la pipe ; le huitième le vin ; le neuvième et le reste ne sentaient rien , ne savaient rien. Et pas un dans ces quatorze n'était capable de jouer la pédale indépendante, pas un n'écrivait sans faute une très-simple composition à quatre voix ; pas un enfin ne lisait correctement une vraie page d'orgue. Ils étaient arrivés là tous avec une candeur ou un aplomb remarquables, dignes de leur époque ; à part un seul qui ne connaissant pas un seul mot de français, et guère plus d'allemand, eut la bonne foi de se retirer, parce que averti de ne pas jouer sur l'orgue un refrain d'opera, il s'obstinait, depuis un quart d'heure à commencer et recommencer, malgré les coups de sonnette, quoi ? l'ouverture du Calife de Bagdad. »

Comme on peut s'en convaincre par ce récit, les vrais organistes sont beaucoup plus rares, que ne le croient bien des personnes qui se posent quelquefois en connaisseurs.

———

— *Pochade.* Une société de musiciens discutait chaudement un jour sur le mérite plus ou moins grand de certains auteurs, chanteurs, instrumentistes, etc. Le plus malin d'entr'eux, qui n'avait jusqu'alors rien dit, et qui haussait parfois les épaules des discours qu'il entendait, fut enfin prié d'émettre son opinion... Il se mit donc à chanter en forme de réponse :

> « Moi, je pense comme Grégoire
> « J'aime mieux boire. *(bis).*

On applaudit et toute la société pensant, au fond, comme lui, courut au cabaret voisin. La séance fut bien vite levée.

LE P'TIT GROUT.

LE VIOLONNEUX.

De la corde à boyau il était fanatique
Et ne rêvait jamais qu'*arcanson* et musique ;
Il *violonna* beaucoup dans le canton d'Honfleur .
Car, pour lui, *violonner* était un grand bonheur !

Je veux aujourd'hui, chers lecteurs , vous révéler
la vie d'un *artiste* dont le *talent naturel* , m'a
bien souvent amusé, et que beaucoup de mes concitoyens ont vu. Je veux parler du p'tit Grout *le violonneux.*

« Pour qui l'a entendu , je veux être amusant ;
« Pour qui l'a ignoré , parfois divertissant.

Cela reviendra à peu près au même , et ni les uns
ni les autres n'y gagneront ; mais en revanche, ils
n'y perdront pas non plus. En cela j'appliquerai le
système des compensations de M. Azaïs.

Le p'tit Grout , violonneux , dont je m'occupe en
ce moment , avait reçu le jour à Villerville , lequel
pays se trouve situé entre Honfleur et Trouville ,
ainsi qu'on peut le voir sur la carte des côtes de
France, n° 65, laquelle a été faite d'après les plans
levés en 1776, par M. Lacouldre-Labretonnière, lieu-
tenant de vaisseau , et publiée par ordre du minis-

tre , pour le service des vaisseaux français , &c., &c.

Depuis cette époque , Villerville n'a pas changé de place, et je *m'avantage* de croire que je viens de vous fournir tous les renseignements désirables sur la position topographique ou géographique , comme vous le voudrez , du pays où naquit le p'tit Grout.

Je reviens donc à mon *sujet*.

Son *instinct musical* , avait pris naissance sur la moulière de son endroit, en entendant le *ramage* que font les *peuplades* de ces rochers , vulgairement nommées moules, lorsqu'elles peuvent *respirer* quand la mer se retire.

Je vous vois rire , cher lecteur , en pensant à la hardiesse de mon expression , elle n'a pourtant rien d'extraordinaire , et vous la trouverez toute simple lorsque je vous aurai dit que je connais un naturaliste amateur qui a apprivoisé un escargot..... mais c'était facile , cet animal est reconnu sympathique (l'escargot s'entend).

Passons ! Je viens de vous dire que sur la moulière de Villerville, son *instinct musical* s'était révélé ; je poursuis mon histoire :

Revenu sur la *terre ferme*, il se dit, car il se parlait à lui-même : « *mé faillerait un violon , mais où n' n'avé un ?* » Cette pensée était sage et ce raisonnement des plus sains.

Vous allez peut-être me demander pourquoi il pensa plutôt à un violon qu'à un cornet-à-piston ?

A cette question je m'empresse de répondre qu'il ignorait l'existence de cette *cornemuse* , et que le violon l'avait enchanté , l'ayant entendu joué par des *artistes* vendant *la cantique* de St-Hubert à la fête patronale de son *endroit* qui est la St-Ro ! (lisez St-Roch).

Villerville ne possédant pas de magasin de lutherie (ça viendra peut-être), il fut un moment embarrassé. Ne l'eussiez-vous pas été de même ? de bonne foi, mettez-vous à sa place.

Comme on se trouvait être dans la saison d'été, il se souvint qu'un parisien malade qui avait besoin de bains chauds et que la faculté avait envoyé prendre des bains de mer, pourrait lui donner quelques renseignements pour arriver à satisfaire son ardeur musicale ; « ça doit être un grand musicien, se disait-il, toujours en se parlant à lui-même, il joue de l'accordéon tous les jours. » Il fut donc le trouver, et dans son langage particulier, lui expliqua le but de sa visite.

Le parisien, bon enfant, lui donna l'avis suivant :

Achetez une vieille boîte à cigares *de dix centimes*, découpez-la sur le *patron*, non de la paroisse, mais sur celui des violons des marchands de cantiques dont vous m'avez parlé, ou sur celui du violon d'Yvelin, chansonnier, que vous connaissez ; collez les morceaux, ou clouez-les, comme vous voudrez, ajoutez-y un manche de truelle de maçon, faites-y quatre trous, autant de chevilles, placez-y des cordes que vous tendrez ou si vous comprenez mieux que vous raidirez ; pour l'archet, prenez une branche de coudrier, une demi queue de cheval, n'importe de quelle couleur, allez chez le ferblantier votre voisin, frottez votre archet d'arcanson, ensuite râclez sur vos cordes, et vous aurez votre affaire.

Le p'tit Grout ne se contenta pas de cet avis, il

sut trouver dans sa tête , et il en avait une fameuse, un vernis pour le *vinaigrius* qu'il construisit avec un *caqueux* , et ce vernis c'était du *goutran !* (lisez goudron).

Admirable découverte que l'on devrait mettre en pratique pour l'usage des *chansonniers et cantiquiers St-Hubertistes* dont une averse peut ruiner l'orchestre dans les foires et marchés , et qui bien appliquée, rendrait leurs instrumens aussi solides que des chaloupes ou des bottes à l'écuyère, et par conséquent préserverait du malheur et de l'infortune ces ménestrels *foirains* qui nous vendent des bagues en cuivre pour nous *garer* des chiens enragés.... et autres.

Possesseur de cet instrument , p'tit Grout se fit rechercher par beaucoup d'agrestes contribuables qui ne pouvaient faire *une noce* ou toute autre fête sans lui et san *violon* et qui se pâmaient d'aise en entendant les *râclements* qu'il obtenait en *violonnant.*

J'aurais encore une masse de choses à vous dire , mais je suis forcé de couper court à cette histoire véritable pour vous entretenir de mes *rapports* particuliers avec le susdit *violonneux.*

Un bon matin , on sonna à ma porte , on fut ouvrir ; une espèce de *Quasimodo* , se présenta , tira d'un sac où se trouvaient aussi des pommes et du fromage , etc. , le *vinaigrius* sus décrit , *violonna* et se mit à chanter sous l'allée de ma maison le couplet suivant. Quand je dis qu'il chanta, j'y mets beaucoup de bonne volonté :

Air : *Margot , si tu voulais m'aimer.*

J'sis le p'tit Grout le violonneux
Qui viens vos fair' visite
De Villerville , c'est hureux ,
Je s'is l'uniqu' artiste.
Sur le démanch'ment
J'sis pas ben savant ,
Ça n'fait rien à l'affaire.
J'les fais tous danser ,
Valser et chanter !..
(Repos)
Donnez-moi z'un p'tit verre !!

— C'est trop juste , lui répondis-je , vous l'avez bien mérité , j'aurais dû vous l'offrir. Et avec empressement je lui versai une forte goutte d'eau-de-vie de cidre , du vrai *Calvados* enfin , et cela dans un grand verre !!

Après avoir bu il s'essuya sur sa manche : habitude ordinaire des naturels du pays qu'il habitait , et me dit d'un air et d'un ton qui lui étaient particuliers : « Y'a ben lo-temps qué j'vos connais , c'est « vous qui fait aller l'z'ogres à l'église !

Puis, apercevant un *harmonium*, ouvert , dans ma salle , il éprouva un mouvement de joie impossible à décrire , et s'écria , « *Mais en v'la un d'orgue !* si j'fésions un' musique à nos deux ?

J'acceptai la proposition et me mis au clavier ; le p'tit Grout après avoir *reniflé* plusieurs fois , — c'é-

tait un petit agrément dont il était doué , — me fit
l'honneur de m'accompagner avec les râclements de
son *vinaigrius* qui , ce jour-là, était garni de vieilles
cordes à rouet.

Oui , je me souviendrai longtemps de cette scène
grotesque et du bonheur dont il a joui. Dans son dé-
lire, il se mit à danser avec ses gros sabots,. à chanter de manière à faire croire à mes voisins qu'on
assassinait quelqu'un dans le quartier, puis après cet
exercice qui avait été assez long je lui versai de nouveau une goutte , et il partit.

Il m'a poursuivi bien des fois depuis dans la ville,
car , disait-il , « y fait aller l'z'ogres , mais y joue
du violon itou , faudra ben qui m'apprenne le démanch'ment. »

Ce projet n'a jamais été mis à exécution et le
p'tit Grout n'a jamais *démanché* , c'est à croire.

Ne le voyant plus venir à Honfleur, je m'informai
de lui à des *capitaines* de plates de son lieu natal, et
j'appris qu'il avait fait.... *couic !* ou si vous l'aimez
mieux , qu'il avait avalé sa langue , et bref qu'il
était mort.

Il était à Villerville le seul représentant des beaux
arts et je crois qu'il n'est pas près d'être remplacé.
Des êtres comme notre violonneux ne *surgissent* pas
tous les jours.

J'ai cru devoir tracer ces lignes en son honneur ,
sans moi , je puis dire qu'il eût été à jamais oublié ,
au moins on pensera à lui en les lisant , ça durera
toujours bien cinq minutes, il le mérite , car je vous
assure que c'était un singulier Paga.... N. I. ni ,
c'est fini.   (FALLOUARD)

— Parmi les compositions du célèbre violoniste Tartini , qui vivait au commencement du siècle précédent , il en est une qui est connue sous le nom de *la Sonate du Diable.*

L'astronome Lalande tenait de Tartini lui-même , l'origine de cette Sonate et l'a rapportée en ces termes dans la relation de son voyage en Italie , tome 9° page 55.

« Une nuit , en 1713 , me dit-il , je rêvais que
« j'avais fait un pacte , et que le diable était à mon
« service , tout me réussisait à souhait , mes volon-
« tés étaient toujours prévenues , et mes désirs sur-
« passés par les services de mon nouveau domesti-
« que. J'imaginai de lui donner mon violon pour
« voir s'il parviendrait à me jouer de beaux airs :
« mais quel fut mon étonnement , lorsque j'enten-
« dis une Sonate si singulière et si belle , exécutée
« avec tant de supériorité et d'intelligence , que je
« n'avais rien conçu qui pût entrer en parallèle !
« J'éprouvais tant de surprise , de ravissement , de
« plaisir , que j'en perdais la respiration. Je fus
« réveillé par cette violente sensation. Je pris à l'ins-
« tant mon violon, espérant de retrouver une par-
« tie de ce que je venais d'entendre ; mais ce fut
« en vain ! La pièce que je composai alors est à la
« vérité la meilleure que j'aie jamais faite , et je l'ap-
« pèle encore la *Sonate du Diable;* mais elle est si
» fort audessous de ce qui m'avait frappé , que
« j'eusse brisé mon violon et abandonné pour tou-
« jours la musique , si j'eusse été en état de m'en
« passer. »

— Colasse (Pascal), l'un des maîtres de la musique de la chambre de Louis XIV, était né a Paris en 1659. Il avait été l'élève de Lully, et ses compositions ne sont en grande partie que des larcins faits à son maître.

Voici comment cela arriva : Souvent Lully écrivait un air pour un de ses opéras, puis n'en était pas satisfait, en composait un autre. Il donnait en suite celui qu'il rejetait à Colasse, en lui disant de le brûler, ce que celui-ci se gardait bien de faire, plus tard, il utilisa ces morceaux dans ses ouvrages.

On cite à ce sujet, l'anecdote suivante : Un jour, Colasse se prit de querelle avec un acteur de l'opéra et la dispute se termina par un combat à coups de poing, dans lequel le compositeur eut ses habits déchirés. Un de ses amis, le voyant en cet état, lui dit : « Comme te voilà fait ! — Comme quelqu'un qui revient du pillage, » répondit la La Rochois, célèbre actrice de ce tems. Malgré les emprunts faits à Lulli par Colasse, sa musique ne fut jamais en faveur auprès du public comme elle était à la cour, et en général ses ouvrages n'eurent pas un véritable succès. Son *Achille*, dont les paroles sont de Campistron, donna lieu à l'épigramme suivante :

> Entre Campistron et Colasse
> Grand débat s'émeut au Parnasse,
> Sur ce que l'opéra n'a pas un sort heureux.
> De son mauvais succès nul ne se croit coupable :
> L'un dit que la musique est plate et misérable,
> L'autre que la conduite et les vers sont affreux ;

Et le grand Appollon , toujours juge équitable ,
Trouve qu'ils ont raison tous deux.

Colasse mourut en décembre 1709 , à Versailles ,
âgé d'environ 70 ans.

—

— Le célèbre guitariste CORBET (Francisque) , né
à Pavie vers 1630 , mourut à Paris vers 1690. Il fit
en France beaucoup d'élèves ; on cite comme ayant
été ses meilleurs : De Vibray , De Visé et Médard.
Ce dernier lui fit l'épitaphe qu'on va lire.

Ci-gît l'Amphion de nos jours ,
Francisque , cet homme si rare ,
Qui fit parler à sa guitare
Le vrai langage des amours.
Il gagna par son harmonie
Les cœurs des princes et des rois ,
Et plusieurs ont cru qu'un génie
Prenait le soin de conduire ses doigts.
Passant , si tu n'as pas entendu ses merveilles
Apprends qu'il ne devait jamais finir son sort,
Et qu'il aurait charmé la mort ;
Mais hélas ! par malheur, elle n'a point d'oreilles.

4

Simple Histoire. — En lisant ce qui suit, on verra comment un certain artiste comprît un jour sa noble profession.

En l'année 1853 , un organiste sérieux avait été invité d'aller toucher l'orgue de l'église de P......., à l'occasion d'une grande fête qui s'y célébrait.

L'organiste titulaire de cette Paroisse était depuis quelque temps absent et malade et un *pianoteur* qui demeurait dans la ville , le remplaçait.

In petto , il fut contrarié que l'on eût fait cette invitation , car , se disait-il , *je pianote , je tapote .* Je fais de l'embrrrrouillamini , j'éblouis des gens qui... n'y voient que du feu.... et l'on m'admire !! Tâchons donc de conserver et d'augmenter , si faire se peut , notre grrrande réputation ; si par hasard mes bons auditeurs , qui en musique , n'ont pas précisément de système bien arrêté , allaient s'avi-ser de prendre à goût la vraie et bonne musique d'orgue , s'en serait fait de mes *flon , flon , lurira-dondaine !!*

Cette idée l'empêcha de dormir pendant huit fois vingt-quatre heures , ce qui fait huit jours y compris huit nuits.

Comme il avait à sa disposition la clef de l'orgue, imagina une *grosse malice* , qui devait servir ses projets : il fit passer audessous *de ses guides* la soupape du *sol* naturel de la quatrième octave du grand jeu , en se disant : « Si mon homme n'est pas un mécanicien , enfoncé ! enfoncé !! on viendra me chercher après son désapointement , pour réparer l'événement , je déploirai toute ma faconde , *je blague-rai* et alors je passerai pour un *artiste* des plus complets..... aux yeux des amateurs de l'endroit.

Mais le pauvre *prétentieux* comptait *sans son hôte !* cela se voit quelquefois.

L'invitation adressée n'avait été acceptée qu'à la condition que quelques heures avant de toucher l'orgue , l'artiste arrivant visiterait l'instrument.

Il en fut ainsi ; on conçoit que dès qu'il y eut du vent, un cornement considérable et perpétuel résulta de *l'espièglerie* de notre maladroit *loustic.*

Les souffleurs voyant ce *dérangement* parurent stupéfaits de ce qui arrivait , attendu , disaient-ils , qu'il n'en avait été rien pendant le dimanche précédent où l'orgue avait fonctionné pendant tout l'office.

L'artiste invité, qu'un vilain *jaloux* avait espéré empêcher , connaissait à fond, heureusement pour lui , toutes les parties de l'art qu'il pratiquait, il répara la *sottise* qu'il avait sous les yeux et tout marcha au mieux.

Notre *malin* s'en mordit les doigts , son coup était manqué. Ici se termine ce récit.

On conseilla depuis à ce rare *Maëstro* de ne pas en user ainsi avec tout le monde , car tous les caractères ne sont pas les mêmes , et il est plus d'un artiste , qui en lisant cette anecdote , dira que le *quidam* en question eût bien mérité de recevoir une leçon..... touchante avec accompagnement de..... pédale obligée.

FALLOUARD.

BIOGRAPHIE :

DELAPORTE.

— Il nous appartient, en qualité d'élève et de successeur immédiat de feu M. Delaporte , organiste de l'église Ste-Catherine de Honfleur , d'esquisser ici quelques traits de la vie de cet honorable artiste , nous allons donc essayer de nous acquitter de cette tâche.

DELAPORTE (Henri-François) , que beaucoup de nos contemporains ont connu , et qui était , ainsi que nous venons de le dire , organiste de Ste-Catherine d'Honfleur , naquit à Paris vers 1750 Il fut l'élève de son père qui était organiste de St-Roch , et qui fit quelques bons élèves ; nous pouvons citer entr'autres feu Lépinois , organiste de N.-D du Havre et Després , organiste de St-Ouen de Pont-Audemer , ce dernier possédait une science et un talent des plus remarquables , quelques vieux amateurs , sont encore là pour témoigner de ce que nous disons.

M. Panseron qui était organiste à Honfleur vers 1780 , partit avec l'immortel Grétry , en qualité de secrétaire. La place qu'il occupait fut mise au concours et Delaporte remporta tous les suffrages à cause des connaissances d'harmoniste qu'il fit briller en jouant le plain-chant simple ou en contre-point.

Les premières années qu'il passa à Honfleur , furent assez heureuses , mais l'amour du jeu devint bientôt sa passion favorite. Fort habile aux *échecs* ,

au *piquet*, et souvent *altéré* , il négligeait son art !
Cependant il touchait toujours très bien de l'orgue.

« Tant de nos premiers ans l'habitude est puissante ! »

Il ne sortait du café (c'est là où il trouvait le
souffle inspirateur) que pour aller à son orgue , *et
vice versâ*.

Pendant que les églises furent fermées (ce fut là le
plus malheureux temps de sa vie). Il n'eut d'autre
ressource que la direction de ce que nos *papas* nom-
maient alors *la musique* de la garde nationale ! laquelle se composait de quatre ou cinq clarinettes ,
trois ou quatre petites flûtes , deux violons , trois
flageolets , un véritable cor-de-chasse , une trompette marine, un serpent tordu (ancienne forme) forme
du temps (c'était son instrument) plus trois chapeaux
chinois sortant de la ferblanterie de feu le papa Bichot , une cymballe et demie en Potin , une grosse-
caisse (feuillette vide de vin dont on avait remplacé
les fonds par de vieilles peaux d'ânes) , deux tambours de basque (nous en possédons encore un) et
autant de triangles ou chevrettes qu'il s'en voulait
présenter.

Avec une instrumentation pareille , ses travaux
comme *compositeur* étaient extrêmement simples : il
écrivait une mélodie ayant toujours pour basse la to-
nique et la quinte , la donnait aux clarinettes , et
chacun *brodait* la dessus. (Nous avons fait partie dans
notre enfance de cette *harmonie* , agitant dans nos
mains innocentes , selon nos émotions plus ou moins

fortes un des instruments du susdit feu papa Bichot,
toujours en ferblanc , le chinois , s'entend.

Muni de son gros et court bâton , lorsque *sa musique* était en marche et n'exécutait rien , il s'appuyait dessus (son bâton) , mais lorsqu'il fallait , *zo-
gner* , il le crochait (son bâton) à sa boutonnière , où
aucune marque distinctive , honorifique ou artistique ne brilla point , ce qui le contraria peu , vu et
attendu qu'il y suppléait , en été , par un *cousinet*
ou une *marguerite* cueillie dans *le jardin du jar-
dinier* chez le quel il demeurait , et qu'en sa qualité
d'organiste , il était imbu de la vérité proclamée
dans le cantique :

> » Tout n'est que vanité ,
>
> » Mensonge , fragilité. »

qu'il avait souvent entendu chanter plus ou moins
faux , et pendant lequel il se disait à lui-même :

« Je voudrais bien m'en aller. »

Peu travailleur de sa nature , c'était avec beaucoup de peine qu'on pouvait obtenir de lui ce qu'on
appelait en y mettant beaucoup de bonne volonté ,
une leçon.

Cependant nous serons juste et vrai à son égard
en disant que lorsqu'il rencontrait un élève , chez lequel il croyait apercevoir quelque sentiment musical,
il se donnait la peine de lui expliquer son art ; nous
en avons eu par nous-mêmes la preuve.

En 1821 , alors que l'étude du violon nous était
devenue facile , nous sentîmes le vide qu'il y avait
à Honfleur sous le rapport musical. Quelques bons

et vieux amateurs nous conseillèrent d'employer sur l'orgue ce qu'ils appelaient *nos moyens*. Nous nous adressâmes donc à Delaporte, qui nous donna de fort bonnes leçons, d'harmonie et du mécanisme de l'orgue.

Par fois nous eûmes de bien amusantes séances à l'orgue de Ste-Catherine qui alors était dans un état épouvantable ; la moitié des jeux ne parlaient plus.

Delaporte bégayait beaucoup, et de plus, devenait sourd. Il ne s'apercevait pas que l'effet de l'orgue était toujours le même, soit que tel ou tel registre fût ou ne fût pas tiré, puisque la moitié de l'orgue était *occis*. Il s'écriait donc, par exemple : « la *dou... ou... ou... blette* n'y, n'y n'y est pas, ou tout autre jeu. Nous avions beau lui dire qu'il était inutile de tirer ces jeux muets, il ne cédait pas, il fallait qu'il vît un tirant de registre de vingt centimètres sortir du lambris.

En cette susdite année 1821, nous ne nous rappelons pas à qu'elle occasion, un certain nombre de processions des communes voisines vinrent faire des stations à Ste-Catherine. Delaporte était toujours prévenu de se trouver à son orgue pour y toucher un morceau de musique à l'entrée et à la sortie de ces processions.

Un beau jour qu'il était ennuyé de toutes ces corvées qui ne lui rapportaient pas même un *p'tit pot* ou *une demoiselle* d'eau-de-vie qu'il eût pu prendre en les attendant, chez feue la mère Accard, (c'était là qu'était le café des chantres, clercs, sonneurs et aides-sonneurs, suisse, bedeaux, etc., etc.), il

joua pour sortie de la procession de Blonville près
Touques , l'air de *Bon voyage M. Dumollet !!!*

M. D*** , alors curé de Ste-Catherine , surnommé
par les gamins du pays , *Mathieu les gros sabots* ,
parce qu'il en avait toujours d'énormes à ses pieds ,
de même que par la raison contraire, Charles II , roi
de France avait été surnommé le Chauve, parce qu'il
n'avait pas de cheveux , M. D*** , disons-nous , fut
indigné de *cette musique,* et Delaporte faillit bien perdre sa place, s'il eût été plus jeune , c'en était fait !!
mais enfin on eut pitié de lui , et après une bonne
réprimande , on le laissa tranquille pour toutes les
autres processions qui suivirent celle de Blonville.

Delaporte fréquentait beaucoup plus le café que le
confessionnal, un jour un respectable écclésiastique
lui en fit le reproche, voici la réponse simple et la-
conique qu'il en obtint, nous l'avons entendue nous-
même : « Que vou-ou-ou-lez-vous que j'aille vou-ou-
« ous dire ? Je n'ai ni-ni-ni tué , ni-ni-ni vo-o-olé !
« et de plus, je ne donne pas d'ar-a-a-argent à l'in-
« in-intérêt ! »

Cette dernière assertion était bien vraie car il ne
jouait pas à la bourse, le calcul suivant va le prouver ; c'est lui qui parle :

« Bu-u-u-urgat me fournit des souliers pour six
« francs, je vais lui en commander u-u-une paire, la
« fa-a-a-brique les paiera sur mes a-a-appointe-
« ments , je les reven-en-en-drai qua-a-a-tre francs
« au père *Deliale* , a-a-a-vec cette mo-o-on-naie
« j'aurai crédit d'au-au-au moins sept francs cin-
« quante cen-en-entimes chez Bo-o-o-orée. »

Comment trouvez-vous cette combinaison lecteurs?

c'est ce qu'on peut appeler en musique une *sixte* diminuée, suivie d'une *septième augmentée*, mais quelquefois manquée, vu qu'il ne réussissait pas toujours dans ses projets, Bo-o-o-orée se plaignant d'être trop longtemps ordinairement à rentrer dans ses avances.

Il était ennemi de l'eau, et deux circonstances que nous allons relater vous donneront la preuve que son aversion pour cet élément était tout-à-fait naturelle.

Un soir qu'il sortait à la brume du café *Marie-Louise*, nommé depuis longues années *café de l'Union*, (on voit qu'il ne se contentait pas seulement des cafés de Ste-Catherine, il *goûtait* aussi un peu à ceux de St-Léonard), il décrivit dans sa marche une diagonale par trop courte et alla se jeter dans le Vieux Bassin, heureusement pour lui, ainsi qu'on va le voir, il y avait beaucoup de vase; il tomba donc comme sur un moelleux édredon, que dis-je, comme dans du beurre !

Ne s'étant pas blessé et seulement sous le coup de la peur, il s'écria avec sa grosse basse-taille : « Sau-au-au-vez Delapo-o-orte or-ganiste ! Des vasiers, (aujourd'hui vu les progrès de la langue française ils se nomment *Genisiers*, attendu qu'ils travaillent pour le compte de l'administration des ponts-et-chaussées, dite le Génie), s'empressèrent de le secourir et de le remettre sur le quai, là il ne s'occupa ni de l'état de son costume ni du danger auquel il venait d'échapper, il se mit purement et simplement à remuer les doigts en disant avec joie : « ils ne sont pas ca-a-as-

« sés ! maintenant je rentre content ! ! » Il y avait de quoi ! !

Voilà un trait qui prouve que la passion de.... l'art l'emporte sur tout.

Un autre jour, (pour ce fait un des témoins oculaires nous l'a raconté tout récemment) il allait donner une leçon ou dîner dans la rue des Buttes, il traversait sur une planche la rivière de Claire, mais comme il avait les jambes en manche de veste, ce qui le faisait appeler le *crochu* par des gens peu révérentieux envers les artistes, ses pieds étant fort écartés, il manqua la planche et tomba dans la rivière, on s'empressa de le retirer, les voisins lui firent sécher ses vêtements ; en mettant ses souliers près du feu on vit qu'ils étaient passablement usés et garnis de papier de musique pour éviter le froid, un curieux lut cette musique et y découvrit que c'était un grand travail sur l'air : *Les canards l'ont bien passée* !

Delaporte, eût pu laisser quelques écrits, il était assez habile pour cela, mais, comme nous l'avons dit en commençant : les *échecs* et le *piquet* absorbèrent toujours ses facultés.

Comme œuvres de sa main celui qui tiendrait à en voir pourrait retrouver aujourd'hui beaucoup de ses signatures en l'étude de M⁰ Desmarais notaire, possesseur des minutes de ses prédécesseurs. En sa qualité de voisin de cette étude il a signé comme témoin une immense quantité d'actes, nous qui vous parlons, lui en avons vu signer par centaines du tems que nous étions *clerc amateur* ; en cet heureux tems on trouvait bien plus souvent ouvert, sur notre bureau Reicha et Catel que le code civil.

Avant de terminer cette biographie , il est une chose que nous ne voulons pas omettre. nous parlerons de son costume et des différents changements qu'il a subis depuis son arrivée à Honfleur , jusqu'à sa mort, nous y verrons ce qu'on rencontre bien ailleurs : grandeur et décadence.

En 1781 Delaporte avait 30 à 35 ans, il arriva de Paris à Honfleur, avec escarpins à boucles d'argent, bas de soie blancs , culotte courte en drap de soie , gilet de brocard , habit à la française, épée à garde d'acier ouvré. (les maîtres organistes portèrent l'épée jusqu'en 1789) jabot , cheveux longs avec catogan , petit chapeau claque , à la mode du temps et par-dessus tout cela , manteau à glands d'or.

Hélas, trois fois hélas !!! toutes ces belles choses furent bientôt *bazardées* et littéralement *avalées* , et sa belle tenue fut remplacée par celle que nous lui avons connue, il n'y eut qu'une seule chose avec laquelle il ne voulut jamais transiger, c'était la *culotte courte*, il en a porté tant qu'il a marché , professant un profond mépris pour le pantalon.

Delaporte tomba malade en 1823 nous le remplaçâmes jusqu'en 1825 , époque de sa mort , et alors nous fûmes nommé à sa place, que nous avons toujours occupée jusqu'à ce jour , ce qui nous fait déjà quelque chose, comme trente-deux années de servi-

ce en qualité d'organiste à Ste-Catherine d'Honfleur.
Nous devons en terminant cette petite notice bio-

graphique, déclarer que Delaporte fut toujours hon-
nête et excellent homme, *désintéressé*, obligeant,
modeste à l'excès, et personne plus que lui n'a
mérité la récompense réservée aux justes.

FALLOUARD.

Handel et Meyerbeer.

Tous les auteurs qui ont parlé du grand et célèbre
Handel, s'accordent à dire que la violence de son
caractère, ses emportements qui ne connaissaient
point de bornes, et une intempérance qui le faisait
souvent s'abandonner aux excès les plus condamna-
bles, ternissaient l'éclat qui rejaillissait sur lui des
productions de son génie. Dans les accès de sa colère, il était capable de se porter aux dernières ex-
trémités.

Les faits suivants viennent à l'appui de ce que nous
venons de dire :

Un jour que l'auteur de Judas Macchabée essayait
de faire apprendre un morceau assez difficile à la célèbre cantatrice italienne la *Cuzzoni*, celle-ci demanda au maëstro des modifications, des coupures,
des changements auxquels il ne voulut pas consentir, elle jeta alors avec violence le manuscrit qu'elle

tenait à la main et signifia qu'elle ne chanterait pas.

— Vous chanterez , lui dit Handel , je vous en réponds , et comme il était d'une force herculéenne , il saisit l'artiste récalcitrante de ses vigoureux poignets , et s'approchant d'une fenêtre ouverte , il la tint suspendue d'une certaine hauteur audessus du sol , la menaçant de la laisser choir si elle persistait dans son refus , elle promit tout et tint parole.

Quelquefois ses emportements avaient un côté plaisant. On cite à ce sujet l'aventure suivante :

Le D. Morell , poète d'opéra , qui arrangeait ses livrets , osa un jour lui faire remarquer qu'un passage de sa musique n'était pas en harmonie avec le sens des paroles : Au lieu de prendre cette remarque en considération , Handel , pâle de colère , s'écria : Voulez-vous m'apprendre mon art ?... ma musique est bonne , elle est excellente ; ce sont vos paroles qui ne valent pas le diable ! Puis , se mettant au clavecin , et frappant le clavier de toute sa force : La voilà , ma musique ! je vous répète qu'elle est bonne , excellente , parfaite ! — Allez vous-en faire des paroles sur ma musique !

De telles habitudes , auraient dû , ce semble , contracter les traits de son visage , et leur donner un caractère dur , mais il n'en était point ainsi. Sa figure était belle et noble ; sa taille , élevée ; il avait beaucoup d'embonpoint ; sa démarche était lourde et sans grâce , mais lorsque rien ne l'agitait , ce qui était bien rare , son extérieur annonçait de la douceur et de la tranquillité.

Si nous parlons en même temps de Handel et de Meyerbeer, c'est pour faire voir que ce dernier d'un caractère doux, n'en est pas moins, parfois, sujet à des exigences exagérées.

C'est dans sa biographie récemment publiée par Eugène de Mirecourt, que nous empruntons ce qu'on va lire :

Aux répétitions de ses opéras, Meyerbeer est craintif comme un enfant. Il consulte le premier venu. il demande l'avis de tout le monde. Le machiniste, le souffleur, le pompier lui-même jouent à son égard le rôle de la servante de Molière. Il les écoute, il tient compte de leur opinion, il se fie au jugement de ces oreilles inexpérimentées et naïves.

Mais c'est pour l'opinion d'Auguste surtout que le maëstro professait un respect sans bornes.

Auguste, allez-vous nous dire ?

Oui, Auguste, l'ancien chef de claque de l'opéra, Auguste qui avait à l'académie royale de musique une importance de premier ordre : — Meyerbeer, aux répétitions, allait modestement s'asseoir à sa droite et l'écoutait comme un oracle.

Un soir, Auguste interrompit un air de longue haleine, par ces mots :

— Voilà un morceau dangereux.

— Croyez-vous ? dit le compositeur.

— J'en suis sûr ; si vous avez beaucoup d'amis dans la salle qui veulent *l'entreprendre* , je le ferai *continuer* par mes hommes ; mais je ne réponds de rien.

— Alors , dit Meyerbeer , qu'il n'en soit plus question , coupez-le : vous vous y connaissez mieux que moi.

La pièce une fois représentée et le succès certain, le maëstro change de rôle. Il ne consulte plus personne , il faut qu'on cède à tout ce qu'il juge nécessaire de couper , de modifier , de rétablir. Debout et campé fièrement sur le terrain des conventions faites , il exige qu'on les observe avec le plus grand scrupule. Son amour de l'art et son désir de n'avoir pour ses œuvres que des interprètes d'élite, vont parfois jusqu'à la dureté.

Voici la preuve de ce que nous venons d'avancer :

C'était au printemps dernier , l'*Etoile du Nord* tenait seule l'affiche et faisait des recettes splendides. Mademoiselle Decroix , qui chante le duo *des Vivandières* avec Mademoiselle Lemercier , perdit presque subitement sa mère. M. Perrin, directeur de l'opéra-comique , accorda . comme l'exigeaient l'humanité et les convenances, un congé de huit jours à la malheureuse artiste et la fit remplacer par une demoiselle Belia , qui savait le rôle.

Meyerbeer arrive et demande le motif de cette substitution. Le directeur le lui apprend.

— Vous avez bien fait , lui dit le maëstro , de donner un congé à mademoiselle Decroix , mais il est impossible que j'accepte sa remplaçante. Une clause de notre traité vous défend de doubler les rôles avant la cinquantième représentation.

— Sans doute, mais....

— Mais on suspendra la pièce jusqu'à nouvel ordre : rien de plus simple.

— Y songez-vous, s'écrie M. Perrin, je ne puis ainsi entraver le répertoire ; j'ai besoin des recettes de l'*Etoile*.

— Alors, dit Meyerbeer, faites chanter mademoiselle Decroix !

« Nous le regrettons, mais le mot a été dit. La pauvre actrice appelée dans le cabinet de M. Perrin, fondit en pleurs. Elle ne voulut pas compromettre la fortune du théâtre, et consentit à reparaître en scène trois jours après la mort de sa mère. Le public ignore le désespoir et les larmes qui, de l'autre côté de la rampe, se trouvent quelquefois sous un chant joyeux. »

Concluons de ce qui précède et de ce qu'on vient de lire que l'ambition et l'égoïsme se produisent aussi bien chez les grands génies que chez les médiocrités.

Fallouard.

BIOGRAPHIE.

DUPONT (Pierre-Eloi),

Professeur de Musique,

A HONFLEUR.

Nous pensons que les nombreux amis et les élèves que M. Dupont, professeur de musique à Honfleur, a eus pendant sa vie, accueilleront avec plaisir un essai biographique que nous publions sur cet honorable artiste.

Nous dirons que nous reconnaissons d'avance, qu'il ne peut être qu'incomplet, car nous n'avons pour nous guider que le souvenir des conversations que nous eûmes ensemble, pendant qu'il fut notre maître et que nous fûmes son disciple.

DUPONT (Pierre-Eloi), professeur de musique, naquit à Fécamp (Seine-Inférieure) en 1760. Son père, Jean-Robert Dupont, était musicien, attaché à l'orchestre de l'abbaye de Ste-Trinité de cette ville, en qualité de premier violon. Dès que son fils fut en âge d'être admis comme élève de la maîtrise, il le fit recevoir, après l'y avoir préparé, et ce fut à cette bonne école qu'il étudia la musique. Ce devait un jour être toute sa fortune.

Nous placerons ici quelques notes historiques sur cette célèbre abbaye, nous les empruntons à l'ouvrage de M. l'abbé Cochet, ayant pour titre : *Les églises de l'arrondissement du Havre.*

« Cette abbaye fut d'abord confiée à des chanoines réguliers qui en l'an 1001, furent chassés par Richard II, et remplacés par des moines de l'ordre de St-Benoît de la congrégation de St-Maur, qui la possédèrent jusqu'en 1790, époque à laquelle elle fut supprimée, et devint le chef-lieu d'une paroisse sous le nom de Ste-Trinité. »

« Les richesses considérables que cette abbaye posséda lui permirent de déployer une grande magnificence dans les cérémonies du culte. La musique surtout y eut une large part. »

« Dès le XIIe siècle, un orgue y fut placé ; Il fut critiqué par quelques-uns comme une innovation dangereuse. »

« Baudry , archevêque de Dol , qui était venu à Fécamp , prit hautement la défense des religieux ; il faut voir dans l'élégant récit qu'il nous a laissé de son voyage, toute l'impression que fit sur lui ce chef-d'œuvre de la musique sacrée. »

« Nous ne pouvons nous empêcher de citer ici une tradition que nous avons recueillie à Fécamp , de la bouche des vieillards. Comme ils regardent les tuyaux de plomb qu'ils voient, comme le principe de l'harmonie, ils disent que les tuyaux de l'ancien orgue étaient faits avec l'écorce de mérisier ; qu'à chacun d'eux était attaché un soufflet en cuir , et que dans les jours de fête on prenait les soldats de la garnison pour souffler dans les pédales. »

« Voilà une tradition fort bizarre et fort curieuse. »

« La musique , du reste , était tellement en honneur à Fécamp , que le clocher lui-même , pouvait être considéré comme un vaste orchestre. Il y avait une magnifique sonnerie plus retentissante , dit-on , que celle de la cathédrale de Rouen. »

« Le cardinal de Lorraine , au XVIe siècle , paraît avoir le plus contribué à meubler la tour de cloches »

« Aidé des religieux de l'abbaye, il fit fondre celles qui étaient appelées St-Taurin , St-Benoît , Ste-Marie et St-Michel. Lui-même en donna plusieurs par pure générosité ; la première est celle de *l'horloge*, qui fut donnée en 1536. La seconde dite du *feu*, sur laquelle on écrivit : *Joannes abbas et conventus hoc prœclarum opus dederunt anno 1536*. La troisième fut la fameuse cloche appelée le *Gros-Fécamp* , qui pesait 12,000 livres ; elle fut fondue par le célèbre Antoine Leroux , aumônier de l'abbaye et abbé de St-Georges , celui-là même dont M. Deville a retrouvé la superbe pierre tombale dans l'église de Boscherville. Le timbre en était si perçant , le son si aigu et répété avec tant d'amour par tous les rochers de la côte , qu'il portait plus loin que celui de la fameuse *George d'Amboise* de Rouen qui pourtant pesait 36,000. »

« Ebranlée en 93 par la main féroce des Beauvais, l'infortuné *Fécamp* , succomba sous mille marteaux réunis. Quand elle fut entamée , disent les habitants

des campagnes qui écoutaient avec terreur ses accents d'agonie , les mugissements qu'elle laissait
échapper ressemblaient aux cris plaintifs d'un animal
blessé à mort. »

« Près du *Gros-Fécamp* , était une autre cloche
appelée *la Riotte* , offerte par un seigneur de ce
nom. Egaré dans les bois qui couvraient alors la
plaine de Senneville , ce gentilhomme fit vœu , s'il
retrouvait son chemin , de donner une cloche à l'abbaye de Fécamp. Il entendit aussitôt le son de la
tinterelle qui appelait les moines à la prière , il se
dirigea de ce côté , fut sauvé et s'acquitta de sa
promesse. »

« La révolution fit de terribles ravages dans le
clocher de Fécamp , le 19 octobre 1792 , elle cassa
sept cloches , qui lui donnèrent un poids de 5,988
livres de bronze pour faire des canons. Certes , ce
dut être un terrible carillon que celui que firent entendre ces sept masses d'airain croulant sous les
coups de cent marteaux. Ce dut être pour le peuple
comme le cri d'agonie du grand monastère et de la
grande basilique désormais réduite à l'état de cada-
vre et condamnée au silence du tombeau. »

M. Dupont fut donc bercé aux sous mélodieux de cette grande musique extérieure qui en quelque sorte l'avertissait qu'il deviendrait plus tard élève et membre de l'orchestre de la magnifique maîtrise qui existait à l'abbaye.

Cette maîtrise se composait de trente chanteurs et de douze instrumentistes gagés, lesquels exécutaient toute l'année l'office en musique. Dans les jours de grandes fêtes, un nombre considérable d'amateurs et d'artistes se joignait à ce noyau et quelquefois une réunion de plus de cent exécutants faisait retentir les voûtes sonores de la grande basilique des religieuses inspirations des Palestrina, des Allegri, des Jomelli et autres compositeurs religieux.

Nous avons connu particulièrement les deux derniers moines existants de cette célèbre abbaye, le premier était Dom Blandin, resté prêtre habitué à Fécamp, le second était Dom Lecomte devenu chanoine titulaire du diocèse de Bayeux. Ces deux vénérables abbés qui venaient quelquefois à Honfleur, ne manquaient jamais d'aller visiter leur ancien musicien, M. Dupont, pour lequel ils avaient conservé un véritable attachement. Dom Lecomte avait été organiste de l'abbaye. Il ne pouvait jamais parler de ce temps-là, sans que ses yeux ne se remplissent de larmes. La mort a moissonné depuis quelques années ces deux derniers débris de l'ordre monastique de la célèbre abbaye.

Fermée et supprimée en 1790, ainsi qu'on l'a vu dans la notice historique qui précède , les artistes composant sa musique durent chercher ailleurs des moyens d'existence. M. Dupont , alors âgé d'environ trente ans , s'établit professeur de musique. Les troubles du temps lui firent passer une existence pénible et peu heureuse , il changea plusieurs fois de résidence et enfin vint se fixer à Honfleur vers l'année 1804.

On peut dire qu'il fut le plus fervent et le plus ardent propagateur de la vraie et bonne musique , qui jusqu'alors y eût pénétré.

La régularité de sa conduite , sa bonne tenue et ses bonnes manières , qui jamais ne se démentirent , ne tardèrent pas à lui attirer l'estime et la considération de toutes les bonnes familles du pays.

Il eut bientôt autant d'elèves qu'il en put instruire, tant en ville que chez de riches propriétaires des environs, enseignant aux jeunes gens à jouer de divers instruments , et aux demoiselles la musique vocale et la guitare , instrument à peu près oublié aujourd'hui, Dieu merci, mais qui alors était fort en vogue par toute la France.

Cet heureux état de fortune ne dura que quelques années et fut bientôt troublé à cause des guerres considérables que la France soutint en ce tems là contre toute l'Europe coalisée. Vers l'année 1810 , alors que toute la jeunesse valide était sous les drapeaux, il vit ses ressources tellement diminuer, qu'il lui fallut chercher ailleurs à employer ses talents.

Protégé par des personnes éminentes, on lui trouva à Cherbourg une place de professeur fort avantageuse , la ville lui accorda une subvention. Il quitta donc forcément et à regret Honfleur et se rendit à sa nouvelle destination , il y resta jusqu'en 1815 époque où la paix, ayant ramené le commerce et la prospérité, Honfleur redevînt florissant.

Dès qu'il fut informé qu'il y trouverait de l'occupation il partit bien vite de Cherbourg , où il ne s'était jamais plu, pour revenir ici. Toutes les personnes qui l'avaient précédemment connu se réjouirent de son retour et ce fut en cette année 1815, à l'âge de dix ans, que nous devînmes son élève pour le violon. Nous reçûmes des leçons de lui jusqu'à sa mort qui arriva en 1821 , et nous nous honorons d'avoir été un de ses élèves les plus aimés.

Cet habile professeur avait pour habitude de réunir chez lui plusieurs fois par mois tout ce qu'il avait d'élèves capables de faire leur partie , ces réunions avaient pour but de faire de la musique d'ensemble, il savait si bien les diriger qu'il en obtînt les meilleurs résultats.

Voici l'appréciation que nous ferons du double talent de ce respectable artiste d'abord comme instrumentiste et ensuite comme professeur.

Élevé comme nous l'avons déjà dit , à la maîtrise de Fécamp , il y avait étudié l'art du violon d'une manière classique et solide. On sait qu'à cette époque les maîtrises étaient les meilleures écoles de musique de France.

Son jeu était fort et plein , la justesse de ses intonations était remarquable , personne ne connaissait mieux que lui le manche , le doigté et les positions du violon. Son archet était large et vigoureux et la tenue de son instrument élégante.

Il préférait lorsqu'il était engagé à jouer quelque solo, se faire entendre plutôt sur l'*Alto* que sur le *violon*, sur cet instrument il était parfait et son exécution pure et ravissante ne laissait rien à désirer. Il possédait une habileté assez remarquable sur le violoncelle, ainsi il pouvait dans un quatuor remplir avec succès une des parties que la réussite de l'exécution lui indiquait de prendre.

Il pinçait bien de la guitare.

Quoique ne jouant d'aucuns instruments à vent , il était parvenu avec son esprit observateur et studieux à les enseigner d'une manière très satisfaisante , ainsi nous avons connu des élèves de flûte , de clarinette , de cor et de basson qui n'avaient jamais reçu d'autres leçons que les siennes et qui exécutaient fort agréablement leurs parties.

7

Il avait su diriger ses élèves dans le choix des instruments qu'ils étudiaient de manière à pouvoir toujours et en tout temps former un petit orchestre.

Ainsi en 1817 ou 1818, une troupe d'acteurs jouant le vaudeville et l'opéra-comique sous la direction d'un M. Philippe, vint s'établir ici pendant six mois environ. M. Dupont chargé de former un orchestre put réunir cinq violons, un alto, deux clarinettes, deux flûtes, deux cors, un basson et deux violoncelles. Il serait bien impossible d'en faire autant aujourd'hui, mais il est vrai de dire qu'à cette époque le dûr et criard cornet à pistons et tous les membres de sa famille cuivrée n'existaient pas et que le piano n'était guère travaillé que par les dames, maintenant la plus grande partie des jeunes gens n'étudient que ces sortes d'instruments, de là vient, que dans les petites villes, il est impossible de faire aucune musique d'ensemble.

M. Dupont possédait deux fort beaux violons, l'un de *Guersan*, l'autre de *J. Steiner* et un alto très remarquable d'*Amati*. Quelques années avant sa mort il nous vendit son *Guersan*, puis lorsqu'il eut cessé d'exister, sa respectable veuve vendit les deux autres. Le violon *Steiner* fut acquis par M. Fossard de Honfleur, amateur de musique et son ancien élève, qui le possède encore maintenant ; l'*Alto* devint la propriété de M. Dureau aîné, aussi de Honfleur qui avait été son élève, ce dernier ayant quitté depuis longtemps notre ville et abandonné la pratique de la musique, l'a revendu; nous ne savons où il se trouve maintenant. Nous avons bien des fois regretté de ne pas avoir acquis ce bel instrument.

M. Dupont était parvenu à se former une magnifique collection de musique progressive, pour tous les instruments qu'il enseignait , ainsi il faisait avancer à pas sûrs et certains , résultat de ses méditations et de ses études, les élèves qu'il dirigeait. Cette collection a été vendue et disséminée après sa mort.

Enfin nous ne terminerons pas cette biographie sans dire quelques mots de son intérieur, dans lequel nous étions souvent admis.

Doué d'un caractère doux et toujours égal il n'aimait rien tant que sa maison, il est vrai qu'il y passait sa vie auprès d'une épouse qui le chérissait et dont les preuves d'amitié et de dévouement se renouvelaient à chaque instant , son ménage était un ménage modèle , où régnaient l'union , la paix et le bonheur.

M. Dupont fut toujours étranger à toute espèce de coterie soit publique soit particulière , aussi n'eut-il dans toutes les classes de la société que des amis.

Mais la maladie qui tue aussi bien les bons que les méchants , vint troubler ces existences si paisibles. Au commencement de 1820 , M. Dupont fut atteint d'une maladie d'intestins qui peu à peu et malgré tous les soins possibles le conduisit au tombeau. Il mourut à Honfleur le 13 mai 1821 dans sa 61ᵉ année , emportant avec lui les regrets bien sincères de tous ceux qui l'avaient connu.

Ce fut après sa mort que nous entreprîmes avec M. Delaporte , l'étude de l'orgue.

Notre but , dans ce qu'on va lire , n'est pas de blâmer les artistes divers qui lui ont succédé à Honfleur , mais bien , de constater seulement des faits.

Aucuns n'ont pu combler le vide qu'il a laissé , ni obtenir les heureux résultats qu'il obtint pendant tout le tems qu'il fut professeur. Est-ce leur faute ? est-ce celle des jeunes gens qu'ils ont eu à instruire ?... nous laissons à chacun le soin de résoudre cette question comme il l'entendra.

Nous arrivons au terme de cette notice, beaucoup trop courte , eu égard aux qualités de l'excellent professeur dont nous avons essayé de raconter la vie artistique , nous dirons que nous l'avons écrite avec toute la sincérité de notre conscience, s'il s'y trouve quelques erreurs on nous les pardonnera parce qu'elles sont tout-à-fait involontaires.

Puisse ce faible tribut de notre amitié être accueilli et jugé favorablement par toutes les personnes qui ont connu M. Dupont et qui reconnaîtront nous en sommes certain qu'en général nous n'avons été que vrai en retraçant une vie si bien remplie et si honorable.

FALLOUARD.

A LA MÉMOIRE

DE M. O. LECARPENTIER.

Les arts et l'amitié nous font un devoir de consacrer quelques pages de ce livre, à la mémoire de M.
Olivier Lecarpentier, négociant, chevalier de la
Légion-d'Honneur, décédé subitement à Honfleur,
le 13 septembre 1851, dans sa 63ᵉ année.

Malgré les nombreuses occupations dont il était
accablé, tant par ses entreprises commerciales que
par les différentes fonctions publiques qu'il a constamment remplies, cet honorable citoyen aima et
protégea, par-dessus tout, la musique.

Doué d'un goût pur et sévère , sa maison fut toujours ouverte aux véritables artistes ; faire de la musique était pour lui le plus grand délassement et le plus grand plaisir qu'il puisse trouver après des journées remplies par des travaux sérieux.

Il repoussa toujours , toutes ces plates et fades compositions éphémères , que la mode fait quelquefois admettre ; véritables *pathos* notés , aussi vides de sens qu'ils sont barbouillés de noir.

M. Lecarpentier possédait un fort beau talent de violoncelliste , et c'est à lui que nous devons d'avoir connu , aussi bien que nous les connaissons , les quatuors d'Haydn , de Mozart , de Beethoven, et les quintetti de Boccherini , Onslow , &c. , &c.

Admis fort jeune , dans la société de musique qui se réunissait chez lui , nous avons pendant nombre d'années exécuté les œuvres des maîtres célèbres et classiques que nous venons de nommer , et nous reconnaissons que cette étude , nous a plus instruit, sous tous rapports , que ne l'eussent fait bien des leçons.

Il aimait surtout les quatuors d'Haydn , et il nous a dit souvent qu'en les entendant « il croyait assister « à la conversation de quatre personnes aimables ; « il trouvait que le premier violon avait l'air d'un « homme de beaucoup d'esprit, de moyen-âge, beau

« parleur , qui soutenait la conversation dont il don-
« nait le sujet. Dans le second violon , il reconnais-
« sait un ami du premier, qui cherchait par tous les
« moyens possibles à le faire briller , s'occupait très
« rarement de soi , et soutenait la conversation plu-
« tôt en approuvant ce que disaient les autres qu'en
« avançant des idées particulières, L'Alto , était un
« homme solide , savant et sentencieux. Il appuyait
« les discours du premier violon par des maximes
« laconiques mais frappantes de vérité. Quant à la
« basse c'était une bonne femme un peu bavarde ,
« qui ne disait pas grand'chose et cependant voulait
« toujours se mêler à la conversation , mais elle y
« portait de la grâce et pendant qu'elle parlait les
« interlocuteurs avaient le temps de respirer. On
« voyait cependant qu'elle avait un penchant pour
« l'Alto qu'elle préférait aux autres instruments. »

Tous les artistes qui désiraient donner des concerts
à Honfleur , se faisaient d'abord entendre dans ses
salons , juge équitable, il savait leur rendre justice ;
les médiocres étaient écartés , mais les bons y étaient
accueillis de la manière la plus noble et la plus grandiose.

C'est ainsi que nous nous rappelons avoir entendu

chez lui à diverses époques , les violonistes Libon et Lafont , le pianiste Moschelès , A. de Garandé , compositeur et professeur de chant , voyageant avec une de ses plus remarquables élèves , le chevalier Lagoanère et Segura , violonistes et compositeurs , Malençon , violoncelliste , les violonistes Lecieux et Luigi Elena , &c. , &c. , et enfin les amateurs les plus distingués des villes voisines.

En 1839 , la célèbre violoniste Thérésa Milanollo , alors âgée de dix ans , et sa jeune sœur Marie , furent reçues chez M. Lecarpentier et traitées par lui, pendant leur séjour à Honfleur , aussi bien que si elles eussent été ses propres enfants.

Sa mort a été pour l'art musical , le coup le plus fatal qu'il ait jamais reçu à Honfleur. Mais quelque regretté que soit M. Lecarpentier , par tous les artistes et amateurs qui l'ont connu , le temps et l'expérience feront seuls apprécier à sa juste valeur celui dont la perte nous a été si particulièrement sensible.

Fallouard.

SOUVENIRS ARTISTIQUES.

GRÉTRY, à Honfleur en 1778.

Auguste PANSERON, à Honfleur en 1834.

A cinquante-six ans de distance, deux grands artistes sont venus toucher l'orgue de Sainte-Catherine de Honfleur, le second attiré par le souvenir du premier.

En 1778, Grétry vint ici pour y rétablir sa santé altérée.

8

Alors existait à Honfleur un organiste nommé Panseron plein d'ardeur à l'étude, d'admiration pour les œuvres des maîtres, idolâtre de l'art qu'il pratiquait lui-même et qu'il enseignait aux autres. Voir Grétry, l'entendre avec bonheur, vouloir l'entendre encore, s'attacher à lui de cet attachement inviolable et sacré qui soumet le talent au génie, tels furent les sentiments qu'éprouva Panseron.

Grétry ne pouvait lui-même confier au papier ses idées musicales. Ecrire était pour lui un supplice. Un travail assidu, le corps penché sur un bureau, faisait naître en lui les accès d'hémorragie auxquels était sujet, le grand artiste. Panseron s'offrit pour être son secrétaire, heureux de devenir le premier confident, le premier admirateur de ses œuvres, de jouir le premier de ses inspirations, d'y coopérer en quelque sorte. Cette offre fut acceptée, et Panseron écrivit sous la dictée du maître les douze derniers opéras de Grétry, *Anacréon chez Polycrate*, *Colinette à la Cour*, *l'Amant Jaloux*, etc.

Ce fut pendant ce séjour de Grétry dans nos murs que Desmazures, le célèbre organiste de Rouen dont les doigts d'argent jouant avec les difficultés, (1) semblaient être animés par le génie même de l'harmonie, donna dans notre église une de ces séances

(1) Desmazures grand amateur de chasse, avait eu plusieurs phalanges des doigts de la main gauche emportées par un éclat de fusil, il les avait remplacées par des phalanges artificielles en argent.

dont il était si avare. C'était le jour de la Pentecôte, quelques amateurs s'en souviennent encore ; Grétry et Desmazures luttèrent , le premier avec son génie de compositeur, le second avec son talent d'organiste ; puis , quand cette lutte fut finie , chacun des combattants décerna à l'autre la palme du triomphe , car ces hommes ignoraient ce que c'était que la jalousie.

Panseron , secrétaire de Grétry , fut bientôt son ami. Chaque jour il était là , recueillant les instructions du maître , initié par lui au secret de ses compositions , et prouvant le dimanche sur l'orgue de Notre-Dame-de-Lorette , qu'il avait profité des leçons de la semaine.

Mais les deux amis n'oublièrent jamais le lieu où leur attachement avait pris naissance , l'orgue où ils s'étaient rencontrés pour la première fois ; Grétry , surtout , ne parlait jamais qu'avec attendrissement de l'accueil cordial que nos pères lui avaient fait , de la juste déférence , qu'ils avaient eue pour sa supériorité , de nos sites si beaux , de nos grèves si pittoresques où il avait rêvé ses plus glorieuses inspirations.

Conduit par le souvenir de son père et de Grétry son premier maître de composition . Auguste Panseron , professeur de chant au conservatoire , vint à Honfleur , le 26 septembre 1834 , nous étions depuis neuf ans organiste titulaire de Ste-Catherine. Sa première visite fut pour l'orgue que son père avait fait longtemps résonner. C'était pour lui comme un devoir de piété filiale et de reconnaissance d'élève, de passer ses doigts sur le clavier que son père et son maître avaient touché. Il y improvisa quelques-unes de ces délicieuses mélodies que l'âme trouve et que le talent n'invente pas, animé par l'image de son père et de Grétry, et par le souvenir de leurs conversations qui s'étaient si souvent reportées au lieu même où il se trouvait ; puis il alla visiter les lieux qu'ils avaient fréquentés, s'entretenir avec les hommes, devenus rares, qui les avaient connus, Ce fut pour lui un jour de pieux recueillement et de douce méditation.

Grétry mourut à Paris en 1813, à l'âge de 73 ans, Auguste Panseron y naquit le 26 avril 1795.

Fallouard.

ROSSINI, — DUBOURG, — CHOPIN.

— Voici une anecdote peu connue à propos de l'opéra *Sigismundo* de Rossini.

Cette partition fut la cause d'une avanture scandaleuse à Venise. Peu de jours avant la représentation, l'entrepreneur du théâtre adressait ses excuses à Rossini pour lui avoir donné un fort mauvais livret à mettre en musique. — *Consolez-vous*, lui dit en riant le compositeur, *je m'en suis aperçu et j'ai fait ma musique plus mauvaise encore.*

Persuadé que ce propos n'était qu'une plaisanterie du maître, l'entrepreneur ne s'en mit pas en peine, cependant rien n'était plus vrai.

Aux approches de la représentation , l'inquiétude s'empara de Rossini , non pour le sort d'une rapsodie que lui-même méprisait , mais pour l'échec qu'elle pouvait porter à sa réputation. Le temps lui manquait pour composer d'autre musique , il imagina un moyen qui lui parut fort ingénieux pour empêcher celle qui existait d'être entendue.

Dès les premières mesures de l'ouverture , les violons se mirent à frapper de leur archet sur le garde-vue en fer blanc qui cachait la lumière de leur bougie. Ce manége qui recommençait à toutes les phrases , fit d'abord murmurer le public ; mais lorsqu'il s'aperçut que l'effet bizarre n'était qu'une mystification dont le parterre était victime , son indignation ne connut plus de bornes.

Rossini , insulté par le public , s'enfuit de l'orchestre en toute hâte ; les banquettes furent arrachées , on s'en servit pour casser les lustres , après quoi la salle fut évacuée sans qu'on eût entendu la pièce. Ainsi se trouva réalisé le plan de Rossini.

—

— DUBOURG (Mathieu), l'un des meilleurs violonistes que l'Angleterre ait produits , naquit en 1702 , d'un maitre de danse nommé Isaac. Lorsqu'il eut atteint sa onzième année , il fut placé sous la direction de Geminiani , qui lui communiqua son excellente méthode. En 1728 , il fut appelé à Dublin pour y remplir la place de premier violon et de compositeur des concerts de cette ville. Après un séjour de quelques années en Irlande , il passa au service du prince de Galles , et à la mort de Festing , en 1752 , il devint directeur de la troupe du roi , place qu'il occupa jusqu'à sa mort , arrivée en 1767.

Burney rapporte sur lui l'anecdote suivante : Accompagnant un jour au théâtre , un air avec violon obligé , il s'égara si bien dans un point d'orgue que Handel qui conduisait l'orchestre , lui cria lorsqu'il revint dans le ton : *Grâces au ciel , M. Dubourg, vous voilà enfin rentré chez vous !* exclamation qui valut au violoniste les applaudissements de toute la salle.

—

— Le célèbre pianiste F. CHOPIN , était né à Zelazowa-Wola , près de Varsovie , en 1810. Par un hasard rare chez les enfants , il paraît que dans ses premières années il ne gardait pas le souvenir de son âge, et que la date de sa naissance ne fut fixée dans sa mémoire que par une montre que lui donna Mme *Catalani* en 1820, avec cette inscription : « *Madame Catalani , à Frédéric Chopin , âgé de dix ans.*

Nous lisons dans sa vie , qu'il gardait une correspondance regulière avec ses parents , mais seulement avec eux. Une de ses singularités consistait à ne point écrire de lettres à d'autres , et l'on eût pu croire qu'il avait fait vœu de n'en jamais adresser à

des étrangers. C'était chose curieuse de le voir re-
courir à tous les expédients pour échapper à la né-
cessité de tracer le plus insignifiant billet. Maintes
fois il a préféré traverser Paris d'un bout à l'autre
pour refuser un dîner ou faire part de légères infor-
mations, plutôt que de s'en épargner la peine en
écrivant quelques lignes. Son écriture resta comme
inconnue à la plupart de ses amis.

Chopin avait de mordantes réponses pour ceux
qui eussent essayé d'exploiter indiscrètement son talent. Un jour qu'après avoir quitté la salle à manger,
un amphytrion mal avisé lui montrait un piano ouvert, ayant eu la bonhommie d'espérer et de pro-
mettre à ses convives, comme un rare dessert,
quelque morceau exécuté par lui, il put s'apercevoir
qu'en comptant sans son hôte, on compte deux fois,
Chopin refusa d'abord ; fatigué enfin par une insis-
tance trop persistante : « Ah ! monsieur, dit-il de
sa voix la plus étouffée, comme pour mieux acérer
sa parole, « je n'ai presque pas dîné. »

Chopin mourut à Paris, le octobre 17 1849, regretté de tous les artistes et de toutes les personnes
qui l'avaient connu.

Biographie.

LAPORTE (Louis-Pierre).

Au nombre des artistes célèbres et des hommes remarquables que la Normandie a vu naître , nous placerons M. Laporte dont nous retraçons ici la biographie.

M. LAPORTE , Louis-Pierre , naquit à Honfleur sur la paroisse de Ste-Catherine le 1er août 1760. A l'âge de quatre ans, il perdit la vue des suites de la petite vérole, il était destiné malgré l'affreux malheur qui le frappait au berceau, à parcourir une carrière distinguée.

Ses parents , n'ayant eu qu'à se louer de l'éducation qu'ils lui firent donner pendant ses premières années, ne négligèrent rien pour faire développer en lui le genre d'état dans lequel ses heureuses dispositions pouvaient le faire parvenir.

Dès l'âge de quinze à seize ans, il prit des leçons de M Panseron, organiste de l'église Ste-Catherine de Honfleur. M. Panseron ayant été attiré à Paris par le célèbre Grétry, qui était venu passer quelque tems à Honfleur , le jeune Laporte se trouva sans professeur, mais par une sorte de compensation , Grétry qui avait été témoin des dispositions de l'élève, conseilla à sa famille de le pousser dans la carrière dans laquelle il devait briller un jour.

Peu de temps après, il fut placé à l'abbaye aux hommes de Caen. Les Bénédictins qui desservaient cette abbaye , reconnaissant chez M. Laporte de rares capacités lui donnèrent une éducation sérieuse dont il profita. Pendant quatre ans il desservit l'orgue au lieu et place du titulaire, avec tant de succès, qu'on eût voulu n'entendre jamais que lui.

Quelques mots sur l'église de cette abbaye doivent ici trouver leur place.

« On l'admirait alors et on l'admire encore aujour-
« d'hui comme un des plus beaux édifices de la
« province. Elle fut fondée et bâtie par Guillaume-
« le-Conquérant qui lui donna pour patron St-Etien-
« ne : il la choisit pour le lieu de sa sépulture et
« son tombeau y fut conservé près de cinq cents ans,
« malgré toutes les guerres dont la Normandie fut
« ravagée jusques à 1562. Elle fut dédiée en l'an
« 1073 ou 1081. L'architecte qui bâtit cette église
« fut enterré dans la chapelle de Notre-Dame, située
« derrière le maître-autel. »

L'orgue que M. Laporte y toucha, pendant quatre
ans, ainsi que nous l'avons déjà dit, existe encore aujourd'hui. Il fut construit par M. Lefèvre et ses ne-
veux de Rouen en 1769, c'est un grand seize pieds
de soixante-trois registres, cinq claviers d'*ut* en *mi*,
dont celui de récit commence au troisième *ut* et celui d'écho au deuxième *ut*, clavier de pédales d'*ut* en
fa (trente touches) et onze soufflets de un mètre de
large sur deux mètres de long.

C'était alors un des plus beaux instruments de ce
genre qui existât en France.

Mais après ces quatre ans un concours ayant été
annoncé pour la place d'organiste à l'église St-Eloi à
Rouen, M. Laporte s'y présenta et obtint la préférence quoiqu'il eut pour concurrents des artistes de

la capitale qui furent totalement effacés par le talent solide comme harmoniste qu'il déploya dans ce concours.

La ville de Rouen devint alors pour le jeune artiste un vaste champ ouvert au développement de ses brillantes facultés ; à peine pouvait-il suffire à donner les leçons qui lui étaient demandées ; mais doué d'une forte constitution et d'une activité étonnante, il sut contenter tout le monde et s'acquit une gloire nouvelle par les progrès de ses élèves.

Ami des artistes, protecteur de tous, il sut se concilier l'estime et l'attachement général et plusieurs lui durent leurs talents.

Comme organiste, il fut tellement compris à Rouen qu'il eut en même temps les orgues de St-Vivien, St-Godard, St-Patrice, Carville, et comme nous l'avons déjà dit, St-Eloi.

Au moment où la suppression de l'abbaye de St-Ouen eut lieu, il venait d'y être nommé organiste.

A l'âge de vingt-six ans, M. Laporte eut le bonheur d'obtenir une compagne digne de lui. L'union qu'il forma, lui donna en quelque sorte une nouvelle vie. Il devint père de deux enfants auxquels il fit donner une éducation distinguée. L'aînée, Mlle Sophie

Laporte, acquit bientôt des leçons de son père , un de ces talents supérieurs et ce grand art d'enseigner, qui lui ont valu depuis comme pianiste les palmes qu'elle a recueillies.

Le fils de M. Laporte parcourait une autre carrière.

En 1816 M. Laporte et sa famille partirent pour la Nouvelle-Orléans, (Etats-Unis d'Amérique) où ils furent accueillis avec distinction. Bientôt devenu organiste de la cathédrale, il se fit une nouvelle position. Mlle Laporte sa fille , s'étant fait connaître par ses talents, fut recherchée de tous , et put à peine suffire à satisfaire les honorables maisons qui lui confièrent leurs enfants.

Après un séjour de dix-sept ans, ayant eu le malheur d'y perdre sa femme et son fils , notre digne compatriote ne pouvant plus supporter un séjour qui lui était devenu aussi pénible, s'arracha en quelque sorte du milieu des nombreux amis qu'il s'était acquis et repassa en Europe.

Ayant toujours aimé son pays natal, il vint se fixer à Honfleur, pour y jouir d'une honorable aisance due à ses talents et à ceux de sa fille, qui lui prodiguait les soins les plus empressés et les plus assidus.

C'est dans le séjour qu'il s'était choisi , visité par quelques-uns de ses amis d'enfance qu'il a encore retrouvés , entouré de personnes qui le vénéraient , qu'il termina sa carrière.

Il fut inhumé dans le cimetière de la paroisse St-Léonard, et sur sa tombe, la piété filiale de Mlle Laporte fit élever un monument en marbre, sur lequel on lit l'inscription suivante :

ICI REPOSE

Louis-Pierre LAPORTE

né à Honfleur

le 31 Juillet 1760

décédé

le 17 Janvier 1838.

— · —

Ce monument
lui est élevé par sa fille
respectueuse, pour consacrer le
souvenir de ses sentiments
d'amour paternel et de charité
pour son prochain.

Fallouard.

PLAIN-CHANT.

Le plain-chant est le genre de musique ie plus populaire et le plus classique. Cette assertion qui parait un paradoxe, est facile à justifier.

En effet, qu'appelera-t-on musique populaire, si ce ne sont ces mélodies chantées par tous les peuples chrétiens, et dont plusieurs même, venues des Hébreux, des Grecs ou des Latins, sont encore aujourd'hui répétées en chœur par des millions d'hommes dans les deux hémisphères ?

Voici treize cents ans que le *Te Deum Laudamus* existe ; est-ce pour cela un chant suranné, et la musique moderne a-t-elle inventé quelque chose de plus grand, d'un effet plus imposant, d'une perfection plus achevée ?

Le *Dies iræ*, les proses du XIIIe siècle, les hymnes de St-Thomas-d'Aquin, l'office de la semaine sainte et celui des morts, sont ainsi que beaucoup d'autres pièces de plain-chant, des chefs-d'œuvres mélodiques par rapport au système auxquels ils appartiennent.

Notre but aujourd'hui n'est pas de faire l'histoire du chant ecclésiastique, mais seulement de parler de quelques pièces principales de ce chant et de la vie de leurs auteurs peu ou point connue.

On chante depuis des siècles dans nos églises, aussi bien à la ville qu'à la campagne, une messe en *ré* mineur ayant pour titre : *Messe Royale de M. H. Dumont*, voici sur l'auteur de cette belle composition, une notice biographique.

DUMONT (Henry), né près de Liége, en 1610, apprît dans cette ville la musique et à jouer de l'orgue. Étonnés de la rapidité de ses progrès, ses parents l'envoyèrent à Paris, pour qu'il y perfectionnât ses talents. En 1639 il obtint l'orgue de St Paul, et peu de temps apres, le roi ayant entendu quelques morceaux de sa composition, en fut si content, qu'il nomma Dumont l'un des maîtres de sa musique, où il remplaça Spirli et Gobert. La reine qui aimait la musique de Dumont, donna à ce musicien le même emploi dans sa maison, et le fit nommer à l'abbaye de Silly.

La musique qui se chantait à la chapelle du roi, avait été jusques vers 1670, composée seulement pour les voix, selon l'ancien système, avec une partie de basse instrumentale, qu'on appelait *basse continue* ; Louis XIV, porté vers tout ce qui avait un air de grandeur, désira qu'à l'exemple de Carissimi et de ses imitateurs, les maîtres de sa musique joignissent à leurs motets des accompagnements d'orchestre ; il en parla à Dumont, qui, religieux observateur des décisions du concile de Trente, répondit au roi qu'il ne pouvait se prêter à ce qui lui était demandé. Louis XIV curieux d'examiner d'où pouvait naître ce scrupule, consulta l'archevêque de Paris (de Harlay), qui décida que le concile avait proscrit les abus de la symphonie, mais non la symphonie elle-même : Dumont ne se rendit qu'avec peine à cette décision. Il se pourrait que le concile eut été d'un grand secours au maître de chapelle, pour cacher son inhabileté à se servir d'un orchestre. Quoiqu'il en soit, peu de temps après (en 1674), il demanda et obtint sa retraite de vétérance, il mourut en 1684 et fut inhumé dans l'église de St-Paul, dont il avait été organiste pendant 45 ans.

— Nous connaissons aussi une messe solennelle de DAMANCE, religieux trinitaire de la Rédemption des

Captifs, organiste du couvent de son ordre, à Lisieux, lequel vivait à la fin du XVIIe siècle.

— Le *Stabat Mater*, cette prose si touchante de poésie et de mélodie, que l'on chante dans toute la catholicité, depuis le dimanche de la Passion jusqu'au vendredi-Saint, date du XIVe siècle.

Elle fut composée par JACOPONE ou JACOPO BENEDETTO, célèbre poète ascétique italien, né à Todi, dans le XIIIe siècle.

Destiné par sa famille à l'étude de la philosophie et de la jurisprudence, il y fit de rapides progrès.

Après avoir été reçu docteur en droit il fut un des avocats les plus célèbres de Rome.

Il s'était marié, et la femme qu'il avait unie à son sort était aussi distinguée par ses vertus et les qualités de son esprit que par sa naissance.

Un événement funeste la ravit à son époux, pendant qu'elle assistait à un bal brillant, le plafond de la salle s'écroula sur les assistants et la tua ; désespéré de ce malheur, Jacopo renonça aux plaisirs du monde, à ses biens, et se couvrit de haillons ; puis il parcourut l'Italie, en se donnant l'apparence d'un insensé.

Ce fut alors qu'il reçut des enfants qui le suivaient, le sobriquet de *Jacopone*. Fatigué de sa vie errante il finit par entrer dans l'ordre des Franciscains, et y fit profession,

Dès ce moment, il se livra à la composition de beaucoup d'hymnes et de cantiques, dont on lui attribue les mélodies aussi bien que les vers. Il mourut dans son couvent, le 25 décembre 1306.

C'est lui qui a composé les hymnes *Cur mundus militat sub vana gloria*, *Ave rex angelorum*, et le *Stabat Mater dolorosa*, qui a été faussement attribué au pape Innocent III.

Qu'une digression nous soit permise.

Avouons que toute comparaison entre la musique moderne et le plain-chant est réellement impossible. Ce sont deux arts distincts, et le second ne le cède en rien au premier, qui, au point de vue véritablement religieux, a été impuissant jusqu'alors à trouver la véritable expression mélodique de la prière ou de la louange ecclésiastique.

Voici trois cents ans que la musique moderne existe ; elle a produit des compositions qui ont été sublimes dans un siècle, ridicules dans l'autre. On aurait presque, il y a cent ans, élevé un autel à Rameau ; qu'est-ce qui connaît Rameau ? Roland de Lassus était le prince des musiciens de son temps, a-t-on

jamais ouï parler de nos jours de Roland de Lassus ?
Hasse a fait dans le siècle dernier cent opéras, presque tous applaudis qu'on essaie d'en représenter un
aujourd'hui.

— On attribue communément à St-Ambroise et à
St-Augustin le *Te Deum* qui se chante dans les solen-
nités de l'église, mais tout porte à croire que ce
chant leur est postérieur de plusieurs siècles.

Il est plus sûr que St-Ambroise est l'auteur de
quelques autres chants de l'église, particulièrement
des suivants : 1° *Æterne rerum conditor* ; 2° *Deus
creator omnium* ; 3° *Veni redemptor omnium* ; 4° *O
lux beata trinitas*, &c.

St-Ambroise qui fut évêque de Milan , naquit en
340, et mourut en 397 à l'âge de 57 ans.

Jusqu'à lui le chant de l'église n'avait point repo-
sé sur des principes fixes ; il paraît que ce fut lui ,
qui, le premier en régla les formes. St-Grégoire qui
gouverna l'église depuis 591 jusqu'en 604 , réforma
le chant ecclésiastique et sa notation, d'où est venu le
nom de *chant grégorien* qu'on donne généralement
au chant de l'église romaine.

St-Augustin fut converti à la religion chrétienne ,
après avoir entendu les sermons de St-Ambroise , il
fut nommé évêque d'Hippone et mourut le 28 août

430, pendant que cette ville était assiégée par les Vandales.

Parmi les écrits de St-Augustin, on trouve un traité *de Musica* en six livres qui a été imprimé à Bâle en 1521 , et que les Bénédictins ont inséré dans leur édition de ce père de l'église, en 11 volumes in-folio (Paris 1684).

— L'office du St-Sacrement fut composé par St-Thomas d'Aquin en 1263 , à la demande du pape Urbain IV, et fut célébré pour la première fois le jeudi après la Pentecôte en 1264.

Les beaux chants de l'hymne *Pange lingua* , et de la prose *Lauda Sion* , qui font partie de cet office , sont aussi de la composition de ce saint personnage, qui naquit en 1227 à *Aquino* , dans le royaume de Naples. Il fut illustre dans la théologie , et mérita par son profond savoir et sa doctrine d'être mis au nombre des docteurs de l'église par le pape Pie V. Il mourut dans une abbaye de l'ordre de Citeaux , près de Terracine , sur les frontières du royaume de Naples, le 7 mars 1274, et fut canonisé par le pape Jean XXII , le 18 juillet 1323.

— Rien n'approche de la beauté qui règne et qui se fait sentir dans l'office des morts. Pensées, paroles, chants tout y respire une douleur pleine d'espérance, car tout rappelle le néant de la vie présente et les biens de la vie future. Jamais la misère de l'homme, sa fragilité , ses espérances déçues et ses douleurs toujours renaissantes n'ont trouvé une expression plus vraie ni un écho plus retentissant. Toutes nos facultés, tous nos sens en sont ébranlés, et l'émotion qu'ils en reçoivent n'est pas éphémère comme celle des joies du monde. De retour à nos occupations , le souvenir de ces prières , le bruit de ces chants lugubres nous poursuit partout pour nous rappeler à de plus sérieuses pensées.

G. Durand attribue l'ordonnance générale de l'office des morts à Origène , d'autres à St-Ambroise ; plusieurs à St-Augustin ; quel qu'en soit l'auteur , tous la font remonter très haut, et les églises d'Orient regardent comme de tradition apostolique les différents offices des morts qu'elles possèdent. Quant à celui qui est en usage parmi nous, ses diverses parties n'ont point été composées d'un seul jet.

Par qui le *Dies iræ* a-t-il été composé ? voilà une question que nous n'avons pu résoudre, encore bien que nous ayons fait à ce sujet beaucoup de recherches.

Quelques-uns le prétendent composé par un moine espagnol durant la nuit qui précéda son supplice, ordonné par l'inquisition ? Faut-il l'attribuer à Thomas Celano , qui vers 1250, fut de l'ordre des frères mineurs ? Soutiendra-t-on, avec les Augustins, qu'il est d'Auguste Bullagensis ? Enfin , malgré les assertions du cardinal Bona, n'essaiera-t-on pas d'en rapporter l'honneur, ainsi qu'on l'a déjà fait, à St-Grégoire-le-Grand ou à St-Bernard ?

Cette prose terrible et touchante, que l'Eglise entonne aux heures où elle porte le deuil de ses enfants, cette poésie, qui tantôt éclate en formidables images, tantôt en sanglots déchirants, ce chant lugubre, ce *Dies iræ*, monument de la foi qui a éclairé le monde depuis dix-huit siècles, nul ne sait dire qui en est l'auteur, ni le moment précis où il a vu le jour. Il est bien vrai qu'il existe aujourd'hui des chants que toute oreille a entendus, que toute bouche a répétés et dont les auteurs sont restés ignorés; il est bien vrai aussi que chaque cité renferme un de ces merveilleux édifices, demeure du Seigneur et maison de tous, mais la pierre où l'on pourrait lire la signature de l'ouvrier, cette pierre, nul ne la voit; elle est enfouie ou absente ! c'est là le propre de ce qu'on pourrait appeler *l'art social* ; l'homme s'y abrite derrière la société ; ce qu'il crée, n'est pas son œuvre, mais celle de la croyance qu'il professe. Il n'en retire pas même le bénéfice de vivre dans la postérité. L'art individuel est plus avisé : c'est pour lui-même qu'il travaille, il se nomme.

Il n'y a donc qu'incertitude, d'après ce qui précède, sur l'origine de la poésie et du chant du *Dies iræ* et tout porte à croire que loin d'être l'œuvre d'un homme isolé, il n'est que l'œuvre de plusieurs hommes et de plusieurs époques dont le germe et les types principaux existaient longues années avant son apparition définitive , dans les liturgies particulières de quelque monastère ou de quelque diocèse.

Il n'en est pas de même du fameux répons *Libera* qui fait partie des prières de l'absoute. Ce répons est de Maurice de Sully , évêque de Paris , qui le fit chanter en son église en 1196. Or, ce répons a précédé le *Dies iræ*, cette prose étant la dernière prière qui soit entrée dans la liturgie de l'office des morts.

L'histoire du *Dies iræ* est celle de presque toutes les créations de ce qu'on appelle *l'art social*. Comme l'art social est le fruit lent et graduellement élaboré des inspirations d'une époque, il parcourt une série de phases diverses avant d'arriver à son complet développement ; il subordonne la pensée de l'individu à la pensée de tous. Aussi, les monuments de l'art du moyen-âge du plain-chant et de l'architecture gothique sont-ils presque toujours *polyonymes*, quand ils ne sont pas anonymes.

Peu de pièces de l'ancien plain-chant ont été conservées dans les graduels et antiphonaires romains dont on se sert maintenant. Il paraît que le chant de Rome n'a été définitivement fixé que vers la fin du quinzième siècle. Quoique ce chant soit d'un usage général dans les églises catholiques , certaines provinces , certaines villes, certains ordres monastiques en avaient de particuliers.

On ne se sert dans l'Ile de France que du chant

parisien qui fut réformé vers 1740 , par l'abbé Jean Lebeuf , chanoine et sous-chantre de l'église cathé- drale d'Auxerre , lequel naquit en cette ville le 6 mars 1687. Homme simple , modeste et laborieux , il n'a laissé d'autres matériaux pour l'histoire de sa vie que ses ouvrages , où l'on remarque beaucoup plus d'érudition que de goût et de style. L'académie des inscriptions et belles-lettres le choisit en 1740 , pour remplacer Lancelot. Le pape Benoît XIV, après avoir vu son *Martyrologe d'Auxerre* , en fut si satis- fait , qu'il fit proposer à l'auteur de se rendre à Rome , mais la mauvaise santé de l'abbé Lebeuf fut un obstacle à ce voyage.

Il mourut le 10 avril 1760 , à l'âge de 73 ans.

On porte à près de cent quatre-vingt le nombre de dissertations et d'ouvrages de tout genre dus aux recherches de cet infatigable savant.

— Peu d'années avant 1789 , le chant du diocèse de Rouen fut entièrement retouché par l'abbé Pois- son , curé à Bardouville puis à Boscherville. Il est aussi l'auteur d'un livre intitulé : *Nouvelle méthode pour apprendre le plain-chant* publié à Rouen en 1789.

On ne peut nier que ce chant ne soit beaucoup plus gracieux que celui des diocèses voisins , mais parfois , il a des tournures de phrases qui le rappro chent trop de la musique vulgaire , ce qui lui ôte le vrai caractère sérieux que doit toujours conserver le plain-chant.

Le pape Marcel qui gouvernait l'église en 1555, avait pris la résolution de ne conserver que le plain-chant dans l'office divin. La bulle de suppression de la musique allait être lancée, quand Palestrina qui n'avait alors que vingt-six ans, mais qui avait déjà conçu le plan d'une composition convenable pour l'église, demanda au pape de suspendre l'exécution de son dessein jusqu'à ce qu'il lui eût fait entendre une messe qu'il venait d'écrire. Le pape y consentit, et après avoir entendu cette messe qui lui parut si noble et si grandiose, il renonça à son projet.

Depuis Palestrina, que d'abus n'aurait-on pas à signaler ?

La musique de l'église primitive refléta comme la peinture et l'architecture, la vertu mère du dogme chrétien, la vertu par excellence, c'est-à-dire l'amour du prochain, la charité, qui forme le fond de toute la symbolique chrétienne. De là cette tendance à unir dans une seule voix la prière de tous ; de là l'usage de chanter en chœur tous les morceaux de la liturgie. Les prières de l'église sont remplies de passages qui témoignent de sa sollicitude pour la psalmodie. La voix de tous les assistants, réunie et fondue dans une psalmodie fort simple et presque syllabique, symbolisait leur union dans la foi et dans la charité.

Une curieuse circonstance historique contribua

à la décadence du chant ecclésiastique. François Ier qui aimait les voix basses , peupla sa chapelle de *gros Picards* choisis parmi les basses-tailles les plus profondes. Le caprice royal fut courtisé et imité. Toutes les églises cherchèrent des voix semblables , et le peuple fut forcé de renoncer à chanter l'office. Ce fut alors qu'un chanoine d'Auxerre , Edme Guillaume , inventa ce qu'on appelle le serpent , instrument de musique qui a longtemps servi dans l'église pour accompagner le plain-chant.

Cette invention ne dut pas coûter beaucoup d'efforts à l'imagination de Guillaume , car le serpent n'était qu'un grand cornet à bouquin , tourné dans une forme commode pour que les doigts pussent atteindre facilement aux trous et les boucher. Le premier essai du serpent fut fait dans des concerts qui se donnaient dans la maison d'Amyot , vers 1560.

De l'église , le serpent avait ensuite passé comme basse dans la musique militaire , mais ses imperfections lui ont fait substituer depuis nombre d'années l'ophicléide, instrument du même genre sous le rapport de l'intensité des sons , mais d'une qualité beaucoup plus égale et plus juste.

Ce fut FRICHOT , musicien français fixé à Londres vers 1790 et dont le fils est aujourd'hui professeur de musique à Lisieux , qui fut le premier inventeur de cet instrument qu'il nomma alors *basse-trompette*. En 1800 , il publia à Londres une description de cet instrument et une instruction sur la manière d'en jouer.

L'inventeur a changé tout le système de la musique d'instruments à vent en lui donnant des basses qui lui manquaient , car le basson était trop faible pour remplir cet office et le serpent trop imparfait. Avant Frichot , un musicien de l'église St-Pierre à Lille , nommé *Regibo* , avait en 1780 , perfectionné le serpent par une nouvelle perce de l'instrument et par l'addition de plusieurs clefs.

Maintenant on place dans beaucoup d'églises des orgues de chœur destinés à l'accompagnement du chant.

C'est aux efforts et à la persévérance de M. DAN-JOU (Félix), ex-organiste de St-Eustache et de la cathédrale de Paris , aujourd'hui rédacteur en chef du journal le *Messager du Midi* , paraissant à Montpellier , que nous devons ce progrès.

Vers 1830 , il parcourut les provinces , étudiant leurs besoins , faisant la guerre au mauvais goût , proscrivant du sanctuaire les instruments bruyants pour les remplacer par des orgues d'accompagnement. Son éducation distinguée lui procurait un accès facile auprès des personnages les plus éminens, et la manière persuasive dont il savait exprimer ses théories , lui faisait bientôt des partisans et des protecteurs de ceux qui semblaient d'abord être les plus opposés. C'est ainsi qu'il parvint dans l'espace de quelques années à faire construire ou réparer plus de quatre cents orgues.

Nous terminons cette notice, très courte, eu égard au sujet dont elle traite, et dont les développements seraient trop considérables pour trouver place ici. Nous renvoyons les personnes qui désireraient les connaître à fond, aux ouvrages de savans auteurs tels que MM. Fétis, Danjou, V. Pillet, Fanart et autres dans lesquels nous avons puisé les renseignements qui nous ont été nécessaires.

FALLOUARD.

NOTICE HISTORIQUE

SUR L'ORGUE

DE

SAINTE - CATHERINE DE HONFLEUR.

L'orgue tel que nous le connaissons aujourd'hui est né du plain-chant et de la musique moderne. Il a la gravité, la sublime monotonie du chant ecclé-siastique, mais il se prête en même temps aux combinaisons, aux effets de l'harmonie et de la musique proprement dite. Il réalise peut-être sous le rapport purement mécanique et instrumental l'accord et l'al-

liance des deux systèmes, des deux principes, des
deux arts, accord et alliance que nous regardons
comme la dernière phase possible de la musique
sacrée.

L'orgue résume dans un immense concert, tous
les sentiments, tous les vœux, toutes les prières
des fidèles prosternés devant l'autel, Victor Hugo le
définit ainsi :

> L'orgue, le seul concert le seul gémissement
>
> Qui mêle aux cieux la terre !
>
> La seule voix qui puisse avec le flot dormant
>
> Et les forêts bénies
>
> Murmurer ici-bas quelque commencement
>
> Des choses infinies.

Depuis longtemps l'église Ste-Catherine de Honfleur
possède un excellent instrument de ce genre ; à l'appui de ce que nous avançons ici nous invoquerons
le témoignage de M Hamel de Beauvais, auteur du
Manuel du facteur d'Orgues publié à Paris à la librai-
rie encyclopédique de Roret en 1849, lequel dans
cet ouvrage, à la page 453 du 3ᵉ volume, biographie de LEFEBVRE facteur d'orgues à Rouen, écrit
ce qui suit :

« L'orgue de Honfleur (Ste-Catherine) fut aussi
» restauré en 1844 par la maison Ducroquet (alors
» maison Daublaine-Callinet) et devint d'une beauté
» re marquable. »

On trouvera tout naturel , nous le croyons du moins , que nous nous en occupions dans la série d'articles que nous publions depuis quelque temps.

Notre but est donc d'en donner l'origine et l'histoire et de faire connaître les divers artistes qui l'ont touché jusqu'à ce jour.

Nous espérons aussi qu'on ne lira pas sans intérêt quelques pensées par lesquelles nous terminerons cette notice , pensées qu'il a inspirées à un écrivain célèbre de la Normandie, et que nous lisons dans son ouvrage ayant pour titre *Arthur* ou *Religion et Solitude* , livre conçu , pensé , exhalé pour ainsi dire au milieu de nous , sous la voûte de nos églises , à l'ombre de nos bois , sur les sites délicieux dont nos environs sont si riches , dans une solitude dont nous avons tous admiré de près ou de loin l'élégante simplicité.

L'orgue de Ste-Catherine fut construit en 1772 par M. Lefebvre (Jean-Baptiste-Nicolas) de Rouen , qui en a construit beaucoup d'autres en Normandie, notamment à Rouen , ceux de Notre-Dame , de St-Eloi , de St-Vincent et celui de l'abbaye aux hommes (St-Etienne) à Caen , etc. , etc. Celui de Ste-Catherine est de ceux que l'on nomme *seize pieds* , il a quatre claviers et un clavier de pédales , il se compose de trente-six jeux. Il fut payé la somme de *vingt-huit mille livres.*

12

Lors de la révolution de 89 , on sait qu'un grand nombre de ces instruments furent détruits , si celui-ci fut conservé , c'est que l'on s'en servait pour accompagner les chants qu'on exécutait dans les fêtes nationales. Lorsque l'église fut rendue au culte catholique en 1802 l'orgue était en si mauvais état que pendant longtemps on ne put le faire entendre.

M. l'abbé Lion , prêtre habitué de l'église , aidé de quelques-uns de ses confrères , entreprit de faire une quête pour arriver à faire réparer cet orgue. Cette quête produisit assez pour pouvoir y faire une réparation partielle qui fut exécutée par M. Baudoux facteur de Paris , mais il restait encore beaucoup de jeux à y remettre. En 1823 , l'organiste Delaporte (Henri-François) étant décédé , nous offrîmes de le remplacer , en abandonnant le traitement annuel de 500 fr. tout le tems nécessaire pour former un capital suffisant pour acheter ces jeux. Six ans s'écoulèrent et M. Henri facteur d'orgues , fit ce travail.

Comme on avait négligé dans tout cela , de travailler aux sommiers et au mécanisme , on fut forcé en 1843 de penser à relever cet orgue c'est-à-dire de le démonter en entier. Une grande difficulté se présenta tout d'abord , la fabrique ne pouvait faire cette dépense , mais M. l'abbé Rivière alors curé de Ste-Catherine , entreprit de faire une souscription dans la paroisse et parvint à trouver une grande partie de la somme nécessaire pour la réussite de l'entreprise.

Pour notre part nous fîmes un nouveau sacrifice qui consistait dans l'abandon de notre traitement d'organiste pendant dix-huit mois (soit 800 francs).

M. DANJOU, qui à cette époque, était réellement l'âme de la maison Daublaine-Callinet et auquel cette maison était redevable de l'impulsion artistique qui se manifestait sous ce rapport en France, vint à Honfleur y arrêter avec M. le Curé et MM. les fabriciens un devis des travaux à exécuter lesquels consistaient 1° en la réparation de tous les tuyaux ; 2° à réencoller tous les sommiers ; 3° à faire quatre claviers neufs ; 4° à ajouter une bombarde et une flûte de 8 au grand orgue ; 5° à remplacer l'ancienne soufflerie qui se composait de trois grands soufflets cunéiformes par une soufflerie horizontale à réservoir et à double pompe ; 6° et enfin dans beaucoup de petits détails qui ne peuvent trouver place ici.

Ce travail fut commencé le lundi de la semaine qui suivit la Quasimodo, en l'année 1844. Quoique terminé pour le mois de novembre de la même année l'inauguration solennelle de l'instrument ne fut faite que le lundi 17 février 1845.

Des ouvriers fort habiles, employés par l'entrepreneur, furent envoyés à Honfleur ; toute la partie mécanique et les sommiers, furent traités par M. Claude Lorrot d'Orléans, la confection et la réparation des tuyaux de métal, furent exécutées par M. Charles Vosgien de Mirecourt, et enfin il fut mis en harmonie par MM. Ferdinand Woigt et Baron , ce dernier est aujourd'hui établi maître facteur d'orgues à Aix , son pays natal.

Ce travail fut en général si bien exécuté que depuis dix ans qu'il est fait , l'orgue marche aussi bien que le jour même de son inauguration. Il est bon de dire que cet instrument a constamment été soigné tant par les accordeurs de la maison Ducroquet que par nous.

Le coût de cette grande réparation fut de *six mille cinq cents francs*, payables par portions et par année , le dernier des paiements a été fait en août 1848.

Cet orgue possède une grande puissance de son , ses jeux de *fonds* surtout sont admirables. La façade est décorée de sculptures sorties d'un habile ciseau. La tribune sur laquelle il est posé , en avait porté un autre plus petit , et qui fut vendu en 1770 à l'abbaye de Beaumont-en-Auge. Cette tribune est décorée de figures en relief représentant divers joueurs d'instrumens. On remarquait au centre , avant la révolution de 89 les armes de la maison d'Orléans, seigneur et patron de la paroisse ; cet écusson a été gratté et détruit.

L'orgue de Ste-Catherine , d'après ce qu'on vient de lire , a, coûté depuis qu'il existe : 1° pour son acquisition 28,000 fr. ; 2° réparation faite en 1802 par M. Baudoux 1,200 fr. ; 3° réparation et complément des jeux , faits en 1830 par M. Henry 3,000 fr. ; 4° grande et dernière réparation faite en 1844 , par la maison Daublaine-Callinet 6,500 fr.

En additionnant ces quatre sommes, elles forment un total de *trente-huit mille sept cents francs.*

Dans le chapitre suivant , nous parlerons des artistes qui l'ont touché en qualité de titulaires.

FALLOUARD.

ORGANISTES QUI SE SONT SUCCÉDÉS

à l'Orgue de Sainte - Catherine de Honfleur.

—∽∽—

« L'histoire de la musique montre par quelle suite d'infortunes publiques l'art , descendu de son trône religieux pour se mettre à la remorque des passions théâtrales ou des vanités et des puérilités de salon , avait fait rouler avec lui dans la poussière la couronne des artistes de l'église. Ceux-ci , une fois en train de corrompre le grand style ecclésiastique pour faire de la musique un art d'agrément , se trouvèrent malgré eux jetés dans la plèbe des derniers maîtres de musique. »

« Obligés de fraterniser avec eux , ils en prirent les allures , et habitués à être les premiers , il ne leur resta , pour la plupart , que la primauté de l'ignorance. »

« Ainsi , l'histoire suffirait seule à prouver que l'organiste n'est pas naturellement destiné au mépris qui lui vient aujourd'hui du monde et des artistes vulgaires. Ce n'est là qu'une humiliation momentanée , une pénitence qui cessera du moment où il voudra fermement se replacer par sa science à son rang véritable , qui est le premier. »

Ces paroles que nous empruntons au livre de M. Joseph Régnier , de Nancy , *L'Orgue* , reçoivent en quelque sorte une nouvelle force par les stances suivantes de notre grand poète Victor Hugo.

> « Elle était triste et calme à la chute du jour ,
>> « L'église où nous entrâmes ;
> « L'autel sans serviteur , comme un cœur sans amour
>> « Avait éteint ses flammes.
>
> « L'ardent musicien qui sur tous à pleins bords
>> « Verse la sympathie ,
> « L'homme-esprit n'était plus dans l'orgue, vaste corps
>> « dont l'âme était partie.
>
> « La main n'était plus là , qui , vivante et jetant
>> « Le bruit par tous les pores ,

« Tout à l'heure pressait le clavier palpitant

« Plein de notes sonores ,

« Et les faisait jaillir sous son doigt souverain

« Qui se crispe et s'allonge ,

« Et ruisseler le long des grands tubes d'airain

« Comme l'eau d'une éponge.

Après les citations que nous venons de faire , on comprendra la noblesse de la mission de l'organiste, appelé à rechercher le beau idéal dans la louange d'un Dieu , source de toutes beautés , imposant à la voix des fidèles la voix toute puissante de son instrument.

« Voilà l'organiste tel qu'il fut créé , et tel qu'il doit être. »

Une chose que l'on rencontre peu dans l'histoire des Orgues , s'est produite dans le service de celui de Ste-Catherine ; depuis 1772 jusqu'à ce jour, c'est-à-dire que depuis quatre-vingt-trois ans , il n'a été desservi que par quatre organistes.

Le premier qui se nommait BOUTIN , avait touché un orgue qui existait à Ste-Catherine , avant celui dont nous nous occupons et qui jugé, trop faible pour la grandeur de l'édifice dans lequel on l'avait placé , fut vendu en 1770 à l'abbaye de Beaumont-en-Auge.

13

Boutin , qui était non seulement organiste , mais encore assez habile dans l'art de la facture de l'orgue , fut chargé d'aller le poser à sa nouvelle destination .

Lorsque son travail fut terminé , il revint à Honfleur où se trouvait alors une troupe d'acteurs ambulants y donnant des représentations ; Boutin fit leur connaissance , devint éperduement amoureux de la *Prima dona* de la troupe et un beau matin nos deux amants disparurent !!! Que devinrent-ils ?.... C'est ce que la tradition ne nous a pas transmis.

On n'entendit plus parler d'eux depuis cette dernière ..... *fugue*.... dont la conclusion nous prouve :

- Qu'en étant organiste . on n'en est pas moins homme ,
- Et lorsqu'on vient à voir de célestes appas ,
- Un cœur se laisse prendre , et ne raisonne pas.

Force fut donc de remplacer ce *transfuge* qui n'avait touché le nouvel orgue de Ste-Catherine qu'environ un an.

Son successeur fut M. PANSERON , de Paris , père de M. Auguste Panseron , aujourd'hui professeur de chant au conservatoire impérial de musique. Il resta à Honfleur jusqu'en 1780 environ , époque à laquelle il partit avec le célèbre Grétry en qualité de secrétaire. M. Fétis écrit , dans la *Biographie Universelle des Musiciens* , que M. Panseron père , a fait l'instrumentation des vingt dernières partitions de ce grand compositeur. Il possédait assez de talent pour remplir cette tâche avec honneur. Nous avons vu de lui quelques morceaux pour l'orgue qui nous ont paru composés avec autant de goût que de science.

Des vieillards honfleurais qui ont connu M. Panseron, nous en ont toujours parlé comme étant un artiste fort habile et de bonne compagnie, qui était reçu dans toutes les meilleures sociétés du pays.

De retour à Paris, il devint organiste de Notre-Dame-de-Lorette, tout en continuant d'être secrétaire de Grétry.

Après son départ un concours fut ouvert et M. DELAPORTE (Henri-François) dont nous avons écrit précédemment la biographie, fut le troisième organiste de Ste-Catherine.

Enfin, en 1825, après la mort de ce dernier, que nous remplacions déjà depuis deux ans, à cause de sa mauvaise santé, nous fûmes nommé à sa place que nous avons remplie jusqu'à ce jour et que nous espérons bien remplir encore long temps.

Il résulte de ce qui précède que les services des quatre organistes qui ont tenu l'orgue de Ste-Catherine depuis 1772, époque de sa construction, se répartissent ainsi aujourd'hui :

1° M. Boutin , de 1772 à 1773 — 1 an
2° M. Panseron, de 1773 à 1780 — 7 ans
3° M. Delaporte, de 1780 à 1825 — 45 ans
4° M. Fallouard, de 1825 à 1855 — 30 ans

Total. . . . 83 ans

Nous croyons qu'il sera intéressant pour nos lecteurs , de leur donner une idée de ce que doit rigoureusement savoir tout artiste qui veut être organiste. Beaucoup de personnes sont dans l'erreur en pensant que l'étude ou la pratique seule du piano peuvent conduire à la science de l'orgue , c'est à la vérité un acheminement à l'art de l'organiste , mais beaucoup d'autres connaissances sont à acquérir pour réussir dans cette carrière.

Cet art se compose d'abord de l'articulation libre des doigts et des règles du doigté comme pour les autres instruments à clavier ; outre que la difficulté se complique de la résistance des touches , qui exigent quelquefois chacune l'effort d'un poids d'un kilogramme pour fléchir sous le doigt , il faut que l'organiste apprenne à mouvoir les pieds avec rapidité pour jouer les basses sur le clavier des pédales, lorsqu'il veut laisser à la main gauche la liberté de ... des parties intermédiaires , et cette double ... est fort pénible ; il faut qu'il sache se servir à propos du mélange des claviers, les réunir, les séparer , passer de l'un à l'autre sans interruption dans son exécution ; qu'il ait l'intelligence des effets des différents jeux et du goût pour inventer de nouvelles combinaisons ; enfin , qu'il possède à la fois de la science et du génie pour traiter les chants de l'église avec majesté et pour improviser des préludes et des pièces de tout genre.

Mille autres détails entrent encore dans les obligations de l'organiste , par exemple : il faut qu'il connaisse parfaitement le plain-chant , qu'il sache les usages de chaque localité pour les offices de l'église , et surtout en province , qu'il puisse porter de prompts remèdes aux accidents momentanés qui arrivent à son orgue.

Concluons de ce qui précède que le piano n'a d'autre rapport avec l'orgue que celui d'un clavier sur lequel on fait mouvoir ses doigts et que les qualités d'un bon pianiste ne sont nullement celles d'un organiste.

Fallouard.

PENSÉES SUR L'ORGUE

PAR

L'AUTEUR D'ARTHUR,

(Livre écrit et publié en 1834.)

Les fragments qu'on va lire sont , ainsi que nous l'avons déjà dit , extraits du beau livre *Arthur ou Religion et Solitude*. Les pensées qu'ils renferment ont été inspirées à l'auteur , par l'audition de l'orgue de Sainte-Catherine de Honfleur. Elles nous ont paru si parfaites que nous avons cru qu'elles formeraient le plus beau complément qui se puisse imaginer , à l'histoire que nous avons donnée de cet instrument.

— « Un accord de l'orgue sur une parole latine renferme plus de poésie , de beauté et d'amour que tous les poètes et les amants de ce monde. » *(page 333).*

— « J'allai une fois à la grand'messe de la petite ville (Honfleur) la plus voisine de ma retraite. Une population pieuse se pressait dans le temple avec un admirable recueillement, avec une foi, une confiance dans les prières qui m'émurent profondément. »

« L'orgue jouait. »

« Vous savez que l'être complètement organisé ne peut l'entendre sans sentir les larmes venir de l'âme dans les yeux. »

« Je suivis les paroles latines qu'on chantait pendant cette céleste musique. »

« Ce qu'on appelle *la Prose* , fut entonné avec un cœur , une joie qui me remplirent d'émotion. »

« Quand le prêtre monta en chaire et dit ce seul mot : *Evangile* , tout ce peuple assemblé se leva, plein d'empressement et de respect comme une seule personne. »

« Après l'évangile, et quand le prêtre fut remonté à l'autel, l'orgue donna , par deux notes plaintives , harmonieuses et tendres , le ton du

Credo , qu'il continua d'accompagner jusqu'à la fin , usage particulier à peu d'églises , je crois , et qui devrait être général , car aucune composition humaine ne me paraît comparable à cette union des voix avec les sons de l'orgue , qu'il soutient et lie entre elles. »

« *Credo in unum Deum , Patrem omnipotentem !* L'accord qui tombait sur la troisième syllabe *d'omnipotentem* me fit inonder mon livre de pleurs »

« Il est ici question du *Credo* de *H. Dumont.*

« Je me souviens de la voix d'un enfant de douze ans environ , placé derrière moi , voix d'une douceur , d'une pureté , d'une mélodie telles , que je n'entendrai plus rien de pareil avant le ciel , s'il m'est reservé. Je voulais parler à cet enfant , savoir son nom , sa famille , ce qu'il était enfin ; j'ignore ce qui m'en a empêché , le trouble où il m'avait jeté peut-être. Je ne l'ai plus revu. Etait-ce une apparition ?

« Tout ce qui précède m'avait bien préparé au dernier acte du service divin. Les prières qu'on peut lire pendant que ce sacrifice se consomme sont de toute beauté , d'un charme exquis , dont je ne pouvais me rassasier. »

« Au dernier moment , le silence était universel parmi cette foule prosternée ; l'orgue jouait avec

14

calme des accords célestes entre lesquels tombaient les sons lents , entrecoupés de la cloche. Toute cette touchante et divine histoire du Christ se résumait dans mon âme. » *(page 78 et suiv.).*

— « Il m'arriva aussi , un dimanche de l'été de passer le soir , vers sept heures , par la place de Ste-Catherine , et devant l'église qui porte son nom. Les portes en étaient ouvertes. J'entendis des chants et les sons de l'orgue.... On finissait le *Salut* : Lorsque la bénédiction fut donnée , tous les fronts se relevèrent , et un prélude d'orgue céleste donna le ton de l'*Adoremus* , chant ravissant et solennel, pour lequel les voix se fondaient dans une douceur inexprimable , dans une mélodie divine. *(page 91).*

La Fête de Ste-Catherine.

— C'est une belle chose , je vous assure , que la fête de Ste-Catherine à Honfleur !....

« Je m'y rendis une fois , par un temps gris , une petite pluie froide et pénétrante pour suivre à cheval un chemin qui ne s'éloigne pas trop de la mer, qu'on ne cesse d'apercevoir à travers de charmantes cours vertes qui sont, au printemps, fleuries et embaumées comme des jardins célestes. »

« D'abord , à la grand'messe , qui fut chantée avec surcroît d'enthousiasme , et où je vis toutes les belles parures dépliées , l'histoire de la Sainte nous fut en abrégé racontée dans la belle *Prose* du jour, aux sons de l'orgue. Le soleil brilla un moment à travers les vitraux , et frappa sur ces paroles latines qui terminent le récit du martyre de la Sainte :

« Si jusserit Religio , signemus fidem sanguine.
« Si la Religion l'ordonne , signons notre foi de notre sang. »

« A la fin du livre d'office particulier à cette sainte, se trouve un abrégé de sa vie , qui me donna beaucoup à rêver. J'apprenais que longtemps après son martyre , ses ossements furent transportés en Normandie , et qu'une chapelle leur fut élevée sur la montagne qui porte depuis lors le nom de la sainte , et ferme la ville de Rouen vers le levant. »

« L'office terminé , chacun s'en alla chercher un gai repas chez des amis , chez des parents , et tout le monde se rassembla encore le soir dans l'église , autour du salut resplendissant , dont on apercevait tout l'éclat du milieu de la place publique. »

« Peu y manquaient. Nulle fête de père, de mère, de roi , ne se peut comparer à la fête d'une patronne d'église , dans les lieux où la foi est restée. »

« C'était , dans les hymnes , dans les psaumes , un élan dont rien autre chose sur la terre ne peut donner l'idée. Un contentement dans les voix , une ferme assurance qui brisaient le cœur. »

« L'obscurité était grande autour du temple ; la lumière vive à l'intérieur : emblême vrai des choses. La nuit est sur la terre, dans le monde ; la clarté est dans la religion : les ténèbres au tour de nous, le flambeau à l'intérieur. »

« L'*Adoremus* couronna tous ces chants, tous ces accords, toute cette harmonie, et tous les fidèles reprirent les chemins de leur demeure. » *(page 354 et suiv)*.

En terminant cette notice historique que nous avons rendue aussi complète qu'il nous l'a été possible, répétons que l'Orgue est de tous les instrumens le plus magnifique, que son étude détache des futilités musicales, et fait prendre au sérieux l'art divin de la musique.

L'église a enfanté l'orgue en l'adoptant, car il a reçu de cette adoption tout une nouvelle naissance ; l'église l'a développé, lui qui était destiné à son origine à n'être qu'un amusement oriental : Elle l'a perfectionné, consacré, elle a fait couronner ses artistes !!!

Qu'ils s'en souviennent toujours ceux qui marchent dans la voie que leur ont tracée les Froberger, les Bach, les Rinck, etc., rares génies qui sont comme des phares placés au millieu des siècles pour les éclairer.

Fallouard.

SUR L'ORGUE DE ST-LÉONARD

DE HONFLEUR.

En voyant le titre qui précède, le lecteur va, naturellement se dire que l'histoire de l'orgue de St-Léonard placé au mois de septembre 1854, ne doit pas être longue ? Nous nous empressons de lui faire savoir qu'avant de parler de cet instrument, nous allons publier une légende qu'un savant antiquaire a bien voulu nous communiquer, et de laquelle il résulte, qu'il y a trois siècles, un orgue avait déjà existé à St-Léonard.

« En 1552 , époque des guerres des catholiques et des protestants , l'église St-Léonard de Honfleur possédait un grand nombre d'ornements des plus beaux de ce temps , ses chappes étaient faites de soieries et de velours , ainsi que de draps d'or de la plus grande magnificence , des lampes d'argent massif étaient suspendues à ses voutes , des croix et des candélabres vermeillés ornaient tous les autels. »

« Des vitraux peints représentants diverses scènes de l'Ecriture-Sainte laissaient pénétrer un jour mystérieux dans tout l'édifice. »

« Au milieu de toutes ces richesses on remarquait surtout un orgue dont la puissante harmonie charmait et enchantait tous ceux qui l'entendaient. »

« Le capitaine Chaudet , qui de catholique était devenu protestant , avait souvent entendu résonner les sons de ce bel instrument , et comme tout le monde il en était ravi. »

« Les guerres de religion s'étant déclarées sur tous les points de la France , le dimanche 20 d'avril 1562 , ledit capitaine accompagné d'un grand nombre de soldats protestants , s'empara de la ville et en mis le gouverneur dehors. »

« Les habitants de St-Léonard défendirent leur église avec tout le zèle possible , mais ils furent

contraints de céder à la force et de l'abandonner
après avoir fait des pertes considérables. »

« Chaudet et sa troupe étant devenus maîtres de
l'église y commirent toutes sortes d'impiétés, s'em-
parèrent des richesses qu'ils y trouvèrent et brûlè-
rent ce qu'ils ne purent emporter. »

« Mais avant de terminer l'œuvre de destruction
qui s'exécutait dans l'intérieur de l'édifice, Chaudet
voulut entendre encore une fois l'orgue, qui l'avait
jadis enchanté. »

« Il fit rechercher dans la ville l'artiste qui le touchait ordinairement et lorsqu'il lui fut amené, il lui
ordonna, sous peine de mort, d'exécuter à l'instant
la musique qu'il allait lui donner. »

« C'était le *grand choral de Luther* !

« L'enthousiasme de Chaudet n'eut plus de bornes
alors, lui et ses co-religionnaires furent saisis d'admiration, ils le répétèrent tous ensemble pendant
que quelques-uns des leurs abattaient et brisaient
les statues des saints qui décoraient l'église. »

« A partir de ce moment, ce choral fut pour sa
troupe le chant favori qu'elle fit entendre dans toutes
les phâses heureuses ou malheureuses de la guerre. »

« Nous épargnerons, dit Chaudet, ce magnifique instrument, et lui seul survivra à la dévastation que j'ai décidé de faire dans toutes les églises catholiques où nous entrerons. »

« Il le fit donc démonter avec grand soin et embarquer sur des bateaux qui le portèrent au Havre-de-Grâce. »

« Quelque temps après on renversa l'église Saint-Léonard, et on ne laissa que la façade que nous voyons aujourd'hui et qui a subi de si affreuses mutilations. »

« Mais l'orgue étant arrivé au Havre, ne put y être placé. »

« Le capitaine Chaudet qui avait toujours le plus grand désir d'entendre de nouveau cet instrument, qui était un des plus beaux de son temps, le fit transporter à Harfleur et placer dans l'église qui était tombée au pouvoir des protestants et où ils avaient établi un *prêche* ainsi que dans beaucoup d'autres églises du pays de Caux. »

« Lorsqu'il fut remonté, un grand inconvénient se présenta : il n'avait pas d'organiste. »

« Il envoya à Honfleur le capitaine Bosse-Fontaine, avec ordre de retrouver l'artiste qui l'avait charmé déjà tant de fois et dans des circonstances si diverses. »

« Celui-ci employa tous les moyens en son pouvoir pour retrouver le musicien que l'on désirait , mais il apprît bientôt qu'il était mort de chagrin peu de jours après avoir été privé de l'instrument qu'il idolâtrait. »

« Bosse-Fontaine retourna donc à Harfleur , et rendit compte de sa mission au capitaine Chaudet , qui fut désolé de ne pouvoir plus faire entendre sur l'orgue , à ses compagnons d'armes , le grand choral de Luther. »

« L'orgue resta muet jusqu'en 1598 que la paix fut rétablie dans toutle royaume et que leséglises furent rendues à leur première destination. »

« On l'entendit alors dans un *Te Deum* et les cœurs des bons catholiques Harfleurais battirent de joie et de bonheur. »

« Ils conservèrent cet instrument aussi longtemps que cela leur fut possible. »

« Les habitants de Saint-Léonard de Honfleur s'occupèrent après (en 1625) de relever avec les pierres de l'église démolie celle qui existe aujourd'hui et dans laquelle il n'y avait jamais eu d'orgue. »

Celui qu'on y voit aujourd'hui est dû au produit d'une souscription volontaire faite dans la paroisse par les soins de MM. les ecclésiastiques dont le zèle et la

persévérance n'ont reculé devant aucune démarche
ni aucun obstacle pour arriver à doter leur église de
cet instrument devenu indispensable aujourd'hui plus
que jamais (1).

Il sort des ateliers de M. Ducroquet , chevalier de
la Légion-d'Honneur, facteur d'orgues de S. M. l'Em-
pereur des Français.

La composition de cet orgue a été déterminée , et
le plan du buffet, et de la tribune qui le porte a été
donné par M. Barker , célèbre facteur, directeur des
ateliers de M. Ducroquet.

Il contient douze jeux de grosse taille , repartis
sur deux claviers manuels allant d'*ut* en *fa* , quatre
octaves et demie avec *tirasse* , le recit qui est enfermé dans une boîte expressive commence au second
ut. Il a quatre pédales de combinaison, et accouple-
ment de claviers à volonté.

La sculpture du buffet , est dans le style du por-
tail de l'église , elle a été faite à Lille dans un ate-
lier où ne s'exécutent généralement , que des travaux d'ornementation pour les églises.

---

(1) Ces éloges s'adressent particulièrement à MM. Marie et Bouet ,
vicaires de la paroisse. Ce dernier n'a pu entendre, qu'une seule
fois, l'orgue pour lequel il s'était donné tant de peine , car le lendemain de l'inauguration , il recevait de l'évêché de Bayeux son
changement qui le nommait professeur au petit seminaire de Villiers-
le-Sec !

L'inauguration en eut lieu le 11 septembre 1854. Il fut touché à cette fête qui se composait d'une grand'messe et le soir d'un salut solennel , 1° par M. P. Lahure organiste de N.-D. du Havre ; 2° par Melle E. Lecesne , organiste de St-Léonard , et enfin par nous.

Une foule considérable assistait à ces deux offices , où les exécutants et les auditeurs ont pu se convaincre qu'il remplit sous tous les rapports le but proposé , tant par la puissance que par la sonorité des sons.

Cet orgue a coûté au total en y comprenant la tribune , treize mille francs.

Il est tenu par Melle E. Lecesne , professeur de piano à Honfleur , artiste d'un talent fort remarquable , et qui en peu de temps a parfaitement compris le genre bien différent de celui du piano, qui convient à ce noble et majestueux instrument.

Orgue de la Chapelle de l'Hospice.

La chapelle de l'hospice de Honfleur , possédait depuis longtemps un orgue composé de huit jeux et abandonné depuis 1789 , lorsqu'en 1823 , nous proposâmes à l'administration de cet établissement de le faire réparer , promettant , sur notre honneur , de le toucher gratuitement toutes les fois que nous le pourrions.

Cette proposition ayant été acceptée , on se mit à l'œuvre , et l'instrument fut remis en bon état pour la somme de mille francs , par M. Dominique Huet , facteur d'orgues , à Evreux.

Nous nous sommes jusqu'à présent acquitté fidèlement de notre promesse depuis le jour St-Jean 1823, mais seulement à l'office du matin , car nous avons toujours été dans l'impossibilité de le faire à l'office de l'après-midi à cause de nos occupations à l'orgue de Ste-Catherine. Ce n'est que depuis l'année 1849 , que ce service est fait par notre ami M. J. Pasquier, amateur , qui a bien voulu s'en charger et qu'il remplit aussi gratuitement , avec toute l'exactitude possible

Cet orgue a été donné à l'hospice de Honfleur vers l'année 1760 , par feu M. Pierre HENRY-LAVAUX , grand-père de M. Henry-Lavaux , aujourd'hui employé en qualité de conducteur de travaux dans l'administration des ponts-et-chaussées. Sa façade est belle et les sculptures qui la décorent sont d'un fini remarquable. Il fut toujours desservi avant qu'on ne l'abandonnât, par le donnateur M. Henry-Lavaux, amateur de musique.

La position de l'hospice de Honfleur , au pied de la côte , est cause qu'en hiver , la chapelle est très-humide, cet inconvénient contribue à détériorer l'orgue beaucoup plus vite que dans tout autre local , encore bien que pendant au moins cinq mois de l'année on place du feu jusqu'à trois fois par jour , dans des vases posés dans le bas du buffet.

Il est donc résulté de cette humidité qu'en 1847 , il a fallu le relever en entier. L'administration l'a fait alors augmenter et ce travail a été exécuté par M. Georges Luce , facteur d'orgues à Lisieux.

Voici quels ont été les principaux changements qu'on y a apportés : d'abord les trois soufflets cunéiformes qui formaient l'ancienne soufflerie ont été détruits et remplacés par une soufflerie horizontale à réservoir et à double pompe. On a refait un sommier neuf, un clavier neuf allant d'*ut* en *fa* , quatre octaves et demie , l'ancien n'allait que d'*ut* en *ut* , un clavier à l'allemande pour la tirasse ; une trompette de 8 en étain, une grande et excellente flûte de 8 , tout en bois y ont été ajoutées , la façade a été rehaussée et agrandie et tous les jeux réparés ; ce travail a coûté deux mille cinq cents francs.

Cet orgue qui se compose actuellement de dix jeux est excellent et fait honneur à M. Luce , les bois et autres matériaux qu'il y a employés sont de parfaite qualité.

La place qu'occupe cet instrument , au fond du chœur des Dames religieuses , sur le côté droit de la chapelle publique , fait que par cet éloignement , les sons arrivent à l'oreille des fidèles , épurés en quelque sorte , de tout ce qu'ils ont de matériel.

Il n'y a plus , maintenant à Honfleur , que la chapelle du couvent des Dames religieuses Augustines ,
qui soit sans orgue , car nous ne qualifierons jamais
de ce nom un *Harmonium* , instrument , en général
bon tout au plus pour accompagner quelques cantiques , ou pour être joué dans un salon , mais
n'ayant ni la force ni la majesté d'un orgue à tuyaux,
complément obligé de tous les offices de l'église. Il
nous a été dit que ce vide serait prochainement
rempli.

FALLOUARD.

H. BERLIOZ.

Après les immenses et brillants succès que M. H. Berlioz a récemment obtenus avec ses nouveaux chefs-d'œuvre l'*Enfance du Christ* et le *Te Deum* chanté à St-Eustache pour l'ouverture de l'Exposition universelle le 1er mai 1855, nous croyons qu'on lira avec intérêt une notice biographique sur ce grand artiste (poète et musicien) , qui par son génie et sa persévérance a su se placer au premier rang des compositeurs de notre époque.

Nous avons puisé dans tous les écrits que nous avons pu nous procurer pour arriver à notre but. Puissions-nous avoir réussi à retracer et à faire comprendre d'une manière complète la haute position artistique dans laquelle se trouve être aujourd'hui M. Berlioz, dont on peut dire en toute vérité qu'il est peu d'artistes contemporains dont le nom soit entouré de plus de rayonnement.

« BERLIOZ (Hector), est né à la Côte St-André (Isère) en 1803. Fils d'un médecin renommé dans le pays qu'il habite, M. Berlioz fut envoyé à Paris, après avoir achevé ses études de collége, pour y suivre les cours de l'école de droit. Il savait alors peu de chose de la musique. Cependant, quoiqu'il eût près de vingt ans, et qu'il sût à peine déchiffrer quelques notes, il était passionné pour cet art qu'il connaissait si peu, et plusieurs fois il avait en vain supplié ses parents de permettre qu'il se livrât exclusivement à sa culture. »

« Au sein de la capitale des arts, il était difficile que sa passion ne s'accrût pas au lieu de s'éteindre. Elle exerça bientôt sur lui tant d'empire, qu'il abandonna l'étude du droit pour entrer au conservatoire.

« Irrité de voir son autorité méconnue, son père le priva des moyens d'existence qu'il lui avait fournis jusque là, et M. Berlioz n'eut plus d'autre ressource que de se faire admettre comme choriste au théâtre du *Gymnase Dramatique*. Il voulait être compositeur, mais pour arriver à son but , il voulait prendre la route la plus courte et non la plus sûre. Apprendre à jouer du piano , instrument presque indispensable pour instruire harmoniquement une oreille qui n'a point été formée dans l'enfance , faire des études de lecture , acquérir quelques connaissances du style propre des diverses écoles et des maîtres les plus célèbres , tout cela lui paraissait trop long. D'ailleurs la musique qui se produisait d'une manière vague dans sa tête ne ressemblait à rien de tout cela. Dans la musique qu'il connaissait il y trouvait trop de savoir , et pas assez de cette indépendance et de cette individualité de pensée qu'il se flattait avec justice , de posséder ; l'expérience par la suite l'a prouvé.

« Avec de telles dispositions , il n'y a guère d'études possibles ; aussi n'en fit-il que de mauvaises , parce qu'il les faisait avec dégoût et n'en comprenait pas le but. »

« Bientôt fatigué du joug qu'elles imposaient , il sortit de l'école où il avait à peine entrevu quelque chose des procédés de l'art , et libre enfin de toute gêne , il résolut de n'avoir plus d'autre maître que sa propre expérience. »

« L'habitude d'écrire était telle en M. Berlioz , et ses idées étaient si étrangères aux formes connues de la musique que le premier ouvrage qu'il fit entendre parut absolument inintelligible à ceux qui l'exécu-

16

tèrent et à ceux qui l'entendirent. C'était une messe à quatre voix avec chœur et orchestre. »

« Convaincu , toutefois , de la réalité de sa mission musicale , il ne se laissa point ébranler par les critiques que fit naître sa production , et sa persévérante vocation se remit à l'œuvre avec une nouvelle ardeur. »

« Une ouverture de *Waverley* , une autre , d'un drame appelé *les Francs-Juges* , un *Concert de Sylphes* , une *Symphonie fantastique* , une ouverture de *la Tempête de Shakespeare* , des scènes de *Faust* de Gœthe , des mélodies de *Moore* marquèrent tour-à-tour la route qu'il voulait suivre , et le parti , pris de son imagination. »

« La *Symphonie fantastique* que nous venons de citer a été arrangée pour le piano par M. Listz. »

« L'ouverture des *Francs-Juges* a été arrangée pour le piano , à quatre mains par l'auteur, aidé de trois habiles pianistes Chopin , Benedict et Eberwein. »

Parmi les mélodies de T. *Moore* , deux de ces morceaux (*Adieu Bessy et l'élégie*) sont avec paroles françaises et le *texte original anglais*. L'élégie est précédée d'une notice sur l'irlandais *Emet* et de la péroraison de son discours à ses juges.

« Le catalogue des morceaux publiés et inédits

composés par M. Berlioz , que nous trouvons à la fin de son livre *les Soirées de l'Orchestre* se compose de vingt-cinq œuvres.

« En 1828 M. Berlioz se présenta au concours de l'Institut de France où il obtint le second prix de composition musicale , deux ans après il obtint le premier. Cette fois ce fut au bruit du canon , et enfermé dans le palais des arts qu'il trouva ses inspirations. Le sujet de la scène qu'il composa dans cette circonstance était *Sardanapale*. Cette cantate fut exécutée le 30 octobre de la même année , à la séance publique de l'Académie des beaux-arts.

« Parti pour l'Italie où l'appelait son titre de pensionnaire du gouvernement , M. Berlioz y resta peu de tems. Il n'alla pas même en Allemagne comme l'exigent les réglements de l'Institut , et le désir de suivre le plan qu'il s'était tracé le ramena bientôt à Paris. Depuis ce tems (1832) il a donné beaucoup de concerts où un nombreux orchestre a fait entendre ses compositions. » *(Fétis Biog. univ. des Musiciens)*.

Le 16 décembre 1838 , M. Berlioz donnait un de ces concerts dont l'organisation seule aurait découragé dix hommes et dont le résultat fut , trop long temps pour lui , la contestation , presque la négation. Mais , disons-le , quelle honorable négation que celle décernée par l'envie ou par l'ignorance à un artiste qui dans un seul concert , se présentait au public avec un programme sur lequel figuraient :

Harold, symphonie en quatre parties, dont la seconde , pour n'en citer qu'une *la Marche des Pélerins* ,
eut un succès populaire , et la *Symphonie fantastique*
en cinq parties , dans la quatrième , *la Marche du
Supplice* , fut dès la première fois , un des plus sai-
sissants effets de musique orchestrale que jusqu'alors
on eût entendus !

Deux jours après ce concert , le 18 décembre ,
Berlioz , malade recevait la lettre suivante , qui lui
apportait la santé , la confiance , l'oubli de ce qu'il
avait souffert , la force de résister à ce qu'il avait
encore à souffrir :

« Mon cher ami ,

« Beethoven mort , il n'y avait que Berlioz qui
« pût le faire revivre ; et moi qui ai goûté vos divi-
« nes compositions , digne d'un génie tel que vous ,
« je crois de mon devoir de vous prier de vouloir
« bien accepter comme un hommage de ma part ,
« *vingt mille francs* , qui vous seront remis par le
« baron de Rothschild sur la présentation de l'in-
« cluse.

« Croyez-moi toujours votre très affectionné ami ,

« Nicolo PAGANINI. »

« A cette lettre , qui honore autant celui qui l'a
écrite que celui qui l'a inspirée , et dont nous allons
donner plus loin la très digne appréciation , dans une

charmante lettre de Jules Janin , Berlioz répondit en véritable artiste et en homme de cœur.

« O digne et grand artiste !

« Comment vous exprimer ma reconnaissance ! Je
« ne suis pas riche ; mais , croyez-moi , le suffrage
« d'un homme de génie tel que vous me touche mille
« fois plus que la générosité royale de votre pré-
« sent.

« Les paroles me manquent : je courrai vous em-
« brasser dès que je pourrai quitter mon lit , où je
« suis encore retenu aujourd'hui.

« H. BERLIOZ. »

Voici ce que Jules Janin écrivait à Berlioz après
avoir lu la lettre de Paganini :

« Cher Berlioz ,

« Il faut absolument que je vous dise tout mon
« bonheur en lisant ce matin cette belle et bonne
« lettre de change et de gloire que vous recevez de
« l'illustre Paganini. Je ne parle pas de cette fortu-
« ne , qu'il vous donne , — trois années de loisir ,
« le temps de faire un chef-d'œuvre. — Je parle de
« ce grand nom de Beethoven par lequel Paganini
« vous salue. Et quel plus noble démenti à donner
« aux petits maîtres et aux petites maîtresses qui
« n'ont pas voulu reconnaître votre *Cellini* comme
« le frère de *Fidelio* ! Donc que Paganini soit loué

« comme le mérite sa belle action, et qu'il soit dé-
« sormais inviolable. Il a été grand et généreux pour
« vous, — plus généreux que pas un roi, pas un
« ministre, pas même un artiste de l'Europe, —
« ces véritables rois du monde. Il vous a appuyé de
« son approbation et de sa fortune. C'est maintenant
« plus que jamais qu'il faut louer ce grand musicien
« qui vous tend cette main paternelle.

« Cher Berlioz, je vous embrasse bien tendrement
« dans toute la joie de mon cœur.

« 20 décembre 1838.   Jules JANIN. »

Dans *ses Soirées de l'Orchestre*, à la page 213,
Berlioz parle ainsi de cette circonstance si glorieuse
de sa vie :

« Bien souvent on m'a sollicité de raconter dans
tous ses détails l'épisode de la vie de Paganini dans
lequel il joua un rôle si cordialement magnifique à
mon égard ; les incidents variés et si en dehors de
toutes les voies ordinaires de la vie des artistes qui
précédèrent et suivirent le fait principal aujourd'hui
connu de tout le monde, seraient en effet, je le
crois, d'un vif intérêt, mais on conçoit sans peine
l'embarras que j'éprouverais à faire un tel récit, et
l'on me pardonnera de m'abstenir. »

« Je ne crois pas même nécessaire de relever les
sottes insinuations, les dénégations folles, et les assertions erronées auxquelles la noble conduite de

Paganini donna lieu dans la circonstance dont je parle. Jamais, par compensation, certains critiques ne trouveront de plus belles formes d'éloges ; jamais la prose de J. Janin surtout n'eut de plus magnifiques mouvements qu'à cette occasion. Le poète italien, Romani, écrivait aussi plus tard, dans la *Gazette Piémontaise*, d'éloquentes pages, dont Paganini, qui les lut à Marseille, fut très touché. »

Berlioz, regrette dans les termes suivants de n'avoir jamais entendu Paganini :

« Je ne connais malheureusement que par les récits qu'on m'en a faits cette puissance musicale démésurée de Paganini ; un concours fatal de circonstances a voulu qu'il ne se soit jamais produit en public en France quand je m'y trouvais, et j'ai le chagrin d'avouer que, malgré les relations fréquentes que j'ai eu le bonheur d'entretenir avec lui pendant les dernières années de sa vie, *je ne l'ai jamais entendu.* Une seule fois, depuis mon retour d'Italie, il joua à l'Opéra, et retenu au lit par une indisposition violente, il me fut impossible d'assister à ce concert, le dernier, si je ne me trompe de tous ceux qu'il a donnés. »

« *Beethoven mort, il n'y avait que Berlioz qui pût le faire revivre !*

C'est par cette phrase que commence la lettre de Paganini que nous avons rapportée plus haut.

« Que de fois ces énivrantes paroles ont dû retentir au fond du cœur de Berlioz ! Que de fois elles ont dû le venger des attaques d'une critique obstinée , le soutenir dans sa foi artistique , raffermir ses convictions , raviver son courage ! Bien souvent le jeune musicien a dû se dire tout bas et avec un légitime orgueil : « Oui Paganini a raison. » En effet l'illustre virtuose , grand compositeur , lui-même , avait bien jugé , bien compris , bien senti le jeune maître qui se révélait si grandement dans des œuvres si largement conçues , si saisissantes de coloris et de nouveauté. Paganini n'allait pas trop loin en prédisant à Berlioz qu'il était appelé à continuer Beethoven. Qui donc autre que Berlioz a pu oser suivre la route nouvelle ouverte par Beethoven dans sa symphonie avec chœurs ?

« L'introduction de la voix humaine dans la symphonie fut le dernier mot du génie de Beethoven ; ce fut le premier du génie de Berlioz. »

« Après avoir épuisé toutes les ressources créatrices et scientifiques de l'orchestration , toutes les combinaisons diaprées des timbres , tous les prestiges de la sonorité , toutes les richesses de l'instrumentation , Beethoven fit intervenir dans son épopée musicale l'homme lui-même , qui sans l'intermédiaire matériel des instruments , vint faire entendre mystérieusement sa voix , vraie comme la nature , éloquente comme les œuvres de Dieu. Cette pensée sublime , Beethoven en avait fait une première ap-

plication dans une charmante *fantaisie* pour piano ,
orchestre et chœurs , op. 80 , mais c'est dans son
œuvre 125 dans sa neuvième et dernière symphonie
qu'il mit merveilleusement en œuvre la féconde ressource de la voix humaine , cet élément primordial
de la langue des sons , venant mêler son noble timbre à ce pompeux concert instrumental qu'elle complète par les accens de la parole devenue plus touchante et plus persuasive , grâce à la puissance de
la mélodie. »

« L'union dans la symphonie, de la voix aux instruments , fut donc le dernier point de départ de
Berlioz. Était-on d'après cela , bien en droit de le
taxer de dédain pour la musique vocale ? en 1828 ,
dans son premier concert, il avait fait entendre deux
ouvertures : celle des *Francs-Juges* celle de *Waverley* et un *Credo.* L'année d'après , il avait produit
une partition où la voix joue un grand rôle, des scènes de *Faust* dans lesquelles on remarqua , *Le chant
de la fête de Pâques* , *le chœur des Disciples* , qui se
mêle à un chœur d'anges , *le concert des sylphes* , *la
ballade du roi de Thulé.* Tous ces morceaux sont très
mélodiques et très développés. Seulement la symphonie
à laquelle ils sont unis intimement est travaillée avec
un soin extrême , avec le plus haut sentiment de la
musique instrumentale , avec la recherche la plus
ingénieuse de nouveaux effets d'orchestration : la
harpe , l'harmonica , les sons harmoniques des instruments à cordes , toutes les combinaisons et les
ressources les plus neuves sont employées par le jeune compositeur avec un rare génie d'invention avec

autant de hardiesse et d'initiative que de goût et de bonheur. Après Beethoven , qui avait épuisé le domaine symphonique connu, que fallait-il faire, sinon chercher, explorer, ouvrir des voies nouvelles ? C'est ce que fit Berlioz , et certes , personne n'a osé lui contester cette inspiration et cette science de l'orchestration, dont toutes ses œuvres sont de parfaits modèles , et dont son traité d'instrumentation a révélé les inappréciables secrets. »

De toutes les qualités de M. H. Berlioz , la plus saillante et la plus précieuse peut-être pour un artiste , c'est cette persévérance infatigable qu'il met au service de ses idées , et que ne rebutent ni les petites difficultés , ni les gros obstacles , ni même les impossibilités apparentes. Mais que parlons-nous d'impossibilité ! L'impossibilité existe-elle pour M. Berlioz ? Si le mot est rayé définitivement du vocabulaire français , n'est-ce pas à lui qu'en revient en partie l'honneur ! rien d'irrésistible comme la volonté soutenue par la foi en soi-même.

Il faut avouer d'ailleurs que si l'opiniâtreté et l'énergie furent jamais nécessaires à un homme , cet homme est H. Berlioz. Son premier pas a été le signal d'une lutte ardente , lutte sans trêve , qui s'est prolongée jusqu'à ce jour.

Destiné par sa famille à une profession élevée, ainsi qu'on l'a déjà lu au commencement de cette notice mais fort étrangère au culte séduisant de l'art , M.

Berlioz pour satisfaire ses goûts eut à vaincre de grandes résistances. A force de courage, de persistance, de conviction et d'opiniâtreté dans le travail, M. Berlioz se fit ce qu'il voulait être : — musicien ; et l'on peut ajouter musicien de premier ordre.

Mais hélas ! qu'est-ce que la science et le talent pour qui ne peut les produire au grand jour de la publicité, et comment produire son talent et sa science, comment les faire accepter par le public, s'ils n'ont pour sauf-conduit la signature d'un nom célèbre ? Et cette célébrité toute puissante, comment l'obtenir autrement que par la révélation publique de son talent et de sa science ? Cercle vicieux, dans lequel tournent et tourneront éternellement bien des jeunes compositeurs.

M. H. Berlioz a décidé qu'il parviendrait. Les routes connues lui sont fermées, — il en ouvrira de nouvelles, les heureux parvenus de l'art musical s'obstinent à lui refuser une place officielle dans leurs rangs ; — hé bien ! M. Berlioz se choisira un poste à côté d'eux et y tiendra à l'aise : il créera une école dont il sera à la fois le chef et le disciple. On se souvient de ces festivals fameux dont le sol français retentit encore : la renommée aux cent trompettes y proclama le nom héroïque d'Hector, et les parisiens ébahis gravèrent ce nom dans leur mémoire. — M. Berlioz était célèbre.

Mais hélas ! hélas encore, le ver rongeur de l'envie épargne-t-il les plus belles fleurs ? M. Berlioz devait s'attendre à le voir attaquer sa couronne. Des critiques malfaisants s'avisèrent de constester à l'aueur de *Roméo* la plus parfaite légitimité de ses succès. On lui reprocha amèrement les tendances tant soit peu turbulentes de sa nouvelle école. On l'accusa de chercher l'effet à tout prix , et d'établir , sans scrupules , sa réputation sur les ruines du bon goût et du sens commun. Bien des compositeurs , à sa place , eussent courbé la tête sous un semblable anathême qui , d'ailleurs pouvait peut-être s'expliquer sur quelques points au moins en apparence. Mais M. Berlioz n'est pas un homme à se laisser si facilement abattre , et tandis que ses chasseurs brûlaient leur poudre, il méditait fort tranquillement sur les moyens de joindre à ses lauriers de romantique la fleur modeste du *Classisme* le plus pur. M. Berlioz prit une plume et pénétra dans le rez-de-chaussée d'un journal sérieux ; il se fit critique à son tour , non pas , comme vous pourriez le croire pour combattre ses adversaires et se justifier de leurs accusations , mais au contraire pour plaider énergiquement dans leur sens en faveur de la modération dans l'art.

A dater de ce jour , M. Berlioz se tamponna soigneusement les oreilles , chaque fois que sa profession de critique l'appelait à l'Opéra. Si , dans quelques nouvelles productions musicales , les cuivres se permettaient de dominer, de temps à autre, les voix paisibles des violoncelles et des haut-bois ; si , pour leur malheur les instruments de percussion se faisaient un peu trop entendre , M. Berlioz ne manquait

pas de commencer sa revue hebdomadaire en se
plaignant à ses lecteurs de la plus affreuse des mi-
graines. Les trombonnes lui portaient aux nerfs ; les
fifres lui ouvraient le cerveau ; s'il avait toléré jadis
l'emploi des quatre cors , ce n'était que sous la condition expresse de ne jamais en abuser.

Attendris par ces plaintes touchantes , surpris ,
charmés de toutes ses tendances pacifiques auxquelles
ils étaient loin de s'attendre, bon nombre de lecteurs
du feuilletoniste des *Débats* s'empressèrent de faire
cause commune avec lui et de crier *sus* à ses détrac-
teurs. M. Berlioz était définitivement un homme ca-
lomnié et un génie méconnu.

Aujourd'hui , l'*Enfance du Christ* y aidant , M.
Berlioz est presque un classique , et l'on ne peut se
défendre d'admirer cette puissance de volonté dou-
blée de confiance en soi-même , qui n'admet point
d'entrave ; ce sens droit qui reconnaît et mesure sa
route du premier regard ; et cette habileté naturelle,
cette souplesse d'évolution qui tourne , en les cares-
sant avec tant de grâce , les obstacles impossibles à
franchir.

Et remarquez-le bien , ce n'est pas uniquement
dans les circonstances décisives que M. Berlioz sait
trouver en lui-même de si précieuses ressources ! il
possède pour ainsi dire , la monnaie courante de son
énergie , et la distribue au besoin aux plus minces
difficultés de sa vie d'artiste , — avantage rare ,

dont la privation est souvent fatale aux natures les plus vigoureuses.

Qu'il s'agisse d'une solennité musicale à organiser d'une importante armée de musiciens à réunir, M. Berlioz est là, n'ayez point d'inquiétude ; les artistes seront au complet et le concert commencera à l'heure dite. Quelques personnes s'étonnaient un jour de la quantité de timballes et de timballiers amassés dans le chœur d'une église où l'illustre compositeur faisait exécuter son *Requiem*. — On n'eût jamais cru, se disait-on à l'oreille, que la ville de Paris renfermait tant d'instruments de cette espèce.... Quoi de surprenant cependant ? Hector Berlioz a frappé la terre du pied, il en est sorti des timbales. O volonté ! volonté ! !

Il serait bien fou et bien peu ménager de ses peines, celui qui prétendrait élever un obstacle quelconque sur la route que M. Berlioz a résolu de parcourir !

Lorsqu'on a chanté le 1er mai 1855, le *Te Deum* pour l'ouverture de l'Exposition universelle, M. Berlioz s'est servi pour la seconde fois de son ingénieuse application de l'électricité à la direction de plusieurs chœurs et orchestres.

Le succès de cette nouvelle expérience a complètement démontré toute l'utilité de cette invention, et l'on a parlé de l'adopter pour l'orchestre de l'Opéra.

M. Berlioz l'explique lui-même dans la 25ᵉ de *ses Soirées de l'Orchestre* , intitulée *Euphonia* , *Nouvelle de l'avenir* dont l'action se passe en 2344.

« Un ingénieux mécanisme qu'on eût trouvé cinq ou six siècles plutôt , si l'on s'était donné la peine de chercher , et qui subit l'impulsion des mouvements du chef sans être visible au public , marque , *devant les yeux* de chaque exécutant et tout près de lui, les temps de la mesure , en indiquant aussi d'une façon précise les divers dégrés du *forte* ou du *piano*. De cette façon , les exécutans reçoivent immédiatement et instantanément la communication du sentiment de celui qui les dirige , y obéissent aussi rapidement que font les marteaux d'un piano sous la main qui presse les touches , et le maître peut dire alors qu'il *joue de l'orchestre* en toute vérité. »

M. Hector Berlioz résume en lui et d'une façon brillante la double *spécialité* d'écrivain et de musicien. Son individualité sous ce dernier aspect demande une étude à part, un examen approfondi auxquels nous allons arriver tout à l'heure. Comme écrivain , M. Berlioz est particulièrement connu par ses nombreux feuilletons dans le *Journal des Débats*, par son *Voyage musical en Hongrie* , son *Traité d'Instrumentation* et (dernièrement publiées) par les *Soirées de l'Orchestre*.

Comme feuilletonniste , M. Berlioz est un juge sévère qui fustige sans pitié tout ce qui est médiocre , ridicule ou plat ; nous ajoutons qu'il a beaucoup à faire, car les choses médiocres, ridicules et plates sont celles qui ont précisément le plus de facilité à se produire. Le proverbe serait mis ici en défaut : « qui aime bien , châtie bien. » M. Berlioz châtie tout ce qu'il doit naturellement détester. Mais aussi en transformant l'adage , nous pouvons dire : « Le maître châtie bien , parce qu'il aime bien. » Et , en effet , qui possède un plus sincère amour de l'art que M. Berlioz ? Qui le défend avec une plus héroïque ténacité contre les vendalismes des *vendeurs du temple ?* Qui parle de la musique avec plus d'onction, et nous dirons même de tendresse? La plume de M. Berlioz est , en général , caustique, railleuse , un peu amère ; — quand il parle de la musique seule , de la musique , son grand et idéal amour , alors cette plume se transforme. Tout à l'heure hautaine, mordante , impérieuse , elle devient maintenant douce , poétique , rêveuse ; — ce style , qui ressemblait à l'instant à un paladin armé de toutes pièces et frappant d'estoc et de taille , ce style produit l'effet à présent d'un fiancé qui exhale les accents du cœur , d'un poète qui soupire les hymnes inspirés.

Nous ne saurions mieux faire, pour donner une idée de ces deux *manières* de M. Berlioz, que de reproduire ici deux paragraphes.

Voici le premier , il est extrait du premier feuil-

leton qui nous tombe sous la main , et contient jus-
tement un utile enseignement *contre* la déplorable
musique de piano qui inonde les salons.

« Les fabricants d'airs variés n'ont pas plus tôt dé-
naturé une mélodie quelconque , empruntée à un
compositeur célèbre , qu'ils vont chez l'imprimeur ,
lui commandent une affiche de sept mètres de hauteur et de cinq de large , sur laquelle tout Paris peut
lire , quelques heures après , en lettres semblables à
celles qui décorent la Porte Saint-Denis , l'annonce
d'un grand concert dans lequel M. .... ou Mlle ... fera
entendre ses nouvelles *compositions*. Si le thème de
ces *compositions* est heureusement choisi , et si *l'auteur* a un assez grand talent d'exécution pour le faire
valoir , voici à peu près ce qui arrive alors : le
pianiste commence par verser sur la tête de son auditoire une douche glacée de notes dépourvues de
sens. On écoute sans mot dire ; puis vient le thème
du véritable compositeur. « Ah ! dit l'auditoire, voici
une idée ! cette phrase est charmante. » La phrase
disparaît, la douche recommence à ruisseler de plus
belle. Chacun se tait résigné. Le thème reparaît , on
l'accueille avec un sourire de satisfaction. A chacune
de ses réapparitions successives , la satisfaction du

public augmente ; on éprouve un bien-être , un plaisir , un bonheur d'autant plus grands, que ce thème renferme à lui tout seul l'intérêt du morceau , et que la fatigue causée à l'auditoire par tout le reste est plus rude et se prolonge davantage. A la conclusion , quand la mélodie favorite vient jeter sur cet orage un dernier rayon lumineux, chacun s'écrie : « Décidément, c'est charmant, c'est beau, c'est magnifique ! M. ... est un admirable *compositeur* pour le piano ! » Et , en sortant de là , les grands , les moyens et les petits pianistes courent chez l'heureux éditeur demander l'œuvre 377 ou 458 qui vient de paraître, et qui se vend alors comme se vendent les petits pâtés. »

Voici le second paragraphe, il est extrait du magnifique *Traité d'Instrumentation et d'Orchestration modernes* , de cet ouvrage didactique , que M. Berlioz a su rendre intéressant comme un livre de fantaisie et d'imagination. Le savant théoricien explique le timbre et la portée de la *clarinette.*

« Le caractère des sons du *medium* , empreint d'une sorte de fierté que tempère une noble tendresse , les rend favorables à l'expression des sentiments et des idées les plus poétiques. La frivole gaîté , et même la joie naïve , paraissent seules ne lui point convenir. La clarinette est peu propre à *l'idylle*, c'est un instrument *épique* comme les cors, les trompettes et les trombones. Sa voix est celle de l'héroïque amour ; et si les masses d'instruments de cuivre, dans les grandes symphonies militaires, éveillent l'idée d'une troupe guerrière couverte d'armures étincelantes, marchant à la gloire ou à la mort, les nombreux unissons de clarinettes, entendus en même temps, semblent représenter les femmes aimées, les amantes à l'œil fier, à la passion profonde, que le bruit des armes exalte, qui chantent en combattant, qui couronnent les vainqueurs ou meurent avec les vaincus. Je n'ai jamais pu entendre de loin une musique militaire sans être vivement ému par ce timbre féminin des clarinettes, et préoccupé d'images de cette nature, comme après la lecture des antiques épopées. Ce beau soprano instrumental, si retentissant, si riche d'accents pénétrants quand on l'emploie par masses, gagne dans le *solo* en délicatesse, en nuances fugitives en affectuosités mystérieuses ce qu'il perd en force et en puissants éclats. Rien de virginal, rien de pur comme le coloris donné à certaines mélodies par le timbre d'une clarinette jouée dans le *medium* par un virtuose habile.

« C'est celui de tous les instruments à vent qui peut le mieux faire naître , enfler , diminuer et perdre le son. De là la faculté précieuse de produire le *lointain* , *l'echo* , l'écho de *l'écho* , le son *crépusculaire*. Quel plus admirable exemple pourrai-je citer de l'application de quelques-unes de ces nuances, quelle est la phrase rêveuse de clarinette , accompagnée d'un tremolo des instruments à cordes , dans le milieu de *l'allegro* de l'ouverture du *Freychutz !* N'est-ce pas la vierge isolée , la blonde fiancée du chasseur, qui les yeux au ciel, mêle sa tendre plainte au bruit des bois profonds agités par l'orage ?... O Weber ! . . . . »

Cette citation de Berlioz écrivain , nous conduit sans transition à Berlioz musicien.

Nous l'avons dit en commençant , il est peu d'artistes contemporains dont le nom soit entouré de plus de rayonnement que celui de Berlioz. Une auréole de cette célébrité de bon aloi qui est particulièrement dévolue aux morts, l'illumine déjà et le classe à part. Tantôt bafoué et traîné au pilori, tantôt enlevé aux nues sur d'enthousiastes et hyperboliques louanges ; ce nom , a tous les honneurs du martyre et de l'apothéose. Si vous demandez pourtant à la plupart des musiciens , ou de ceux qui se qualifient tels , où

et quand ils ont entendu de la musique de Berlioz ,
ils seraient fort embarrassés de vous répondre et de
vous donner raison de leur admiration ou de leur
aversion.

Eh bien ! quoi qu'il en soit du blâme ou de l'éloge,
Berlioz , en réalité , n'est pas *compris* , et cela par
la plus simple de toutes les raisons , c'est qu'il n'est
pas exécuté. Or, il est parfaitement impossible de
juger des œuvres symphoniques sérieuses et abstrai-
tes à une seule et fugitive audition ; ce serait tout
au plus praticable pour un petit acte d'opéra-comique. Berlioz n'est pas exécuté , soit. Mais alors ne
jugez pas ses œuvres; attendez jusqu'à nouvel ordre
pour vous prononcer pour ou contre le maître. Pourquoi tant de sévérité , dans de certaines appréciations ; pourquoi tant de haîne, dirions-nous, même,
dans des jugements d'ordinaire impartiaux et sensés ?
Est-ce que cette haîne et cette sévérité ne cache-
raient pas quelques questions personnelles ? Eh bien !
haîne et sévérité atteignent en sens contraire du but.
Il ne faut pas une mince capacité ni un médiocre
mérite pour être flagellé de la sorte.

Maintenant, comment ce grand musicien , dont la
renommée est européenne , comment ce puissant
symphoniste , ce hardi innovateur n'est-il pas exécuté ? c'est ce qu'il importe d'examiner.

Il n'y a à Paris qu'aux concerts du Conservatoire
qu'on pourrait exécuter les symphonies de Berlioz.

En plusieurs circonstances, dans des festivals devenus célèbres, le musicien a réuni de puissants orchestres, et ses œuvres grandioses ont été interprétées tant bien que mal, une fois par hasard, avec un nombre insuffisant de répétitions et à quelques années de distance les unes des autres. Il a fallu encore pour ce peu d'exécutions des *protections* toutes particulières, des hasards heureux et pas mal d'argent dépensé. Il y a un excellent orchestre au conservatoire, une salle toute prête, des auditeurs rompus à la musique la plus ardue. Ce serait facile avec tous ces éléments d'éclaircir définitivement la question !

Eh bien ! non ! le conservatoire n'a pas exécuté les symphonies de Berlioz. On a pretexté que cette musique là était inexécutable, qu'il y avait confusion, *fouillis*, chaos dans ces pages. Sont-ce là les véritables raisons ? Peut-il y avoir quelque chose *d'inexécutable*, pour cet admirable orchestre le plus parfait du monde ?

Nous regardons comme certain, que sans dire le nom de l'auteur, si on jouait à brûle-pourpoint, à des gens qui ne l'auraient pas encore entendue, la majeure partie de la symphonie *en la* de Beethoven, cette unique audition ne serait pas à l'avantage de l'illustre maître. Il n'y a qu'après avoir entendu plusieurs fois cette composition étrange, qui semble au premier abord le cauchemar d'un génie en démence, qu'on remarque enfin la logique et la marche des

idées qui y sont si merveilleusement combinées. C'est
ce qui arrive pour les symphonies de Berlioz. Les
entendre une fois, les entendre mal ou insuffisam-
ment exécutées, c'est ne pas les entendre du tout.

Berlioz est un fougueux coloriste : ses symphonies
sont des peintures. Il affectionne passionnément le
genre descriptif, et son imagination ardente lui re-
presente dans le langage des sons, une foule de
tableaux que la musique traduit fidèlement. Cette tendance marquée de Berlioz pour le descriptif, a été une
grande arme aux mains de ses adversaires. De plus,
elle a conduit le compositeur à écrire des pages d'une
inextricable difficulté comme exécution matérielle ;
ce sont des rhythmes heurtés, agencés ensemble
dans une combinaison bizarre, au lieu d'un orchestre,
ce sont plusieurs orchestres fonctionnant isolément
avec des détails d'une richesse inouïe. Chaque fragment est ciselé avec un soin minutieux. Cette recherche est une des choses qui préoccupent visible-
ment le maître. Dans son admirable *Traité d'instrumentation et d'Orchestration modernes* que nous avons
mentionné plus haut, il parle de la réunion de plusieurs orchestres, dans un immense local, dans
quelque colysée ou arène, et il s'attache avec une
complaisance marquée sur la formation de cet orchestre monumental.

Pianistes et arrangeurs de toutes sortes, prêtez
donc au moins vos doigts et votre *mécanisme* merveilleux au compositeur célèbre, et popularisez dans

la mesure de vos moyens , quelques fragments de
ces pages en les réduisant pour le piano avec intelligence et goût et sous la surveillance du maître.

En résumé, Berlioz est un grand artiste , très
courageux , très fier et souverainement amoureux
de l'art. Dédaignant les formes vulgaires. Progres·
sif, et ne rêvant que l'agrandissement du domaine
musical , il marche la flamme du génie au front et
l'œil fixé vers un but unique qui est le rêve de toute
sa vie. Dans cette ascension où chaque pas est une
lutte , où chaque jour est une souffrance , il ne se
retourne jamais en arrière ; son idéal est là , il veut
le réaliser , il le réalisera. Il ne lui manque qu'une
chose maintenant... c'est d'être MORT ! Alors les
rivalités qui surgissent autour des contemporains
disparaîtront , alors les clameurs de toutes sortes
s'apaiseront , et , en cette qualité précieuse de
mort , le sanctuaire impénétrable de l'harmonie sera
ouvert au maëstro trépassé , alors le musicien sera
enfin exécuté, par conséquent compris et popularisé.
La tombe deviendra un piédestal lumineux , et Berlioz y apparaîtra salué du titre de glorieux continua-
teur de Beethoven.

En terminant cette notice , nous ferons connaître
quelques-uns des divers emplois qu'a occupés et
qu'occupe aujourd'hui M. H. Berlioz.

Il est bibliothécaire du conservatoire impérial de
musique à Paris. Il a succédé dans cet établissement

musique à Paris. Il a succédé dans cet établissement à M. Fétis , lorsque celui-ci fut nommé maître de chapelle de S. M. Léopold Ier roi des Belges , et directeur du conservatoire de musique à Bruxelles , en 1833.

En 1851 , M. Berlioz , était un des membres du jury (section des beaux-arts) de l'exposition de Londres.

Aujourd'hui il remplit les mêmes fonctions pour l'exposition universelle de Paris.

Il est depuis plusieurs années chevalier de la Légion-d'Honneur , officier de l'Ordre de Léopold , de Belgique , et tout récemment , le roi de Hanovre lui a conféré l'Ordre des Guelfes.

FALLOUARD.

19

JOSEPH GARNIER.

◆◇◆

Anecdote Musicale.

Nous reproduisons une anecdote que nous a racontée un artiste de nos amis.

« Joseph Garnier, habile joueur de hautbois et
auteur de plusieurs œuvres musicales, était absent
depuis longtemps de Lauris, sa patrie, village du
département de Vaucluse. Il désirait tellement de

revoir sa famille , ses anciens amis et les rives de la
Durance , qu'il renonça à l'emploi de premier haut-
bois et de flûtiste de l'Opéra de Paris , pour satisfaire ce désir. Il arriva à Lauris vers 1814. On l'accueillit dans son village avec la cordialité qu'il avait
droit d'attendre de bons parents et d'une population
qu'il aimait lui-même si tendrement. »

« Les premiers soins de l'amitié remplis , Garnier
ressentit un malaise d'esprit qui excita sa surprise.
Un goût irrésistible et une longue habitude avaient
rendu la musique nécessaire à son existence. Il s'in-
forma s'il n'y avait point de musiciens à Lauris et ce
fut avec douleur qu'il apprit que cet art y était ,
absolument inconnu. Son haut-bois et la flûte qu'il
avait cultivée de préférence et dont il joua en dernier lieu à l'orchestre de l'Opéra devinrent la conso-
lation de Garnier. Il s'aperçut bientôt que le vide de
son âme n'était point rempli. Il eût désiré que sa
musique fut complète , c'est-à-dire qu'un accompagnement à ses traits de chant se fit réellement entendre. Il communiquait sa tristesse aux accents de
son hautbois ou de sa flûte. »

« On sourira peut-être en lisant ces lignes , quelques personnes ne pourront comprendre la douleur
de Garnier , mais d'autres la concevront parfaitement. »

« A Lauris comme ailleurs , on est sensible à la
mélodie , souvent Garnier croyait être seul et n'être

entendu de personne , tandis que les habitants réunis sous ses croisées , l'écoutaient en silence et dans un ravissement inexprimable. Cette sympathie de goûts lui inspira la pensée de former quelques élèves , seul moyen d'entendre à Lauris ces effets d'harmonie dont il était si avide. »

« Il proposa avec instance à ceux des jeunes hommes chez lesquels il avait reconnu le plus de sensibilité pour la mélodie , de leur faire connaître son art. Quatre seulement acceptèrent par complaisance et non sans avoir longtemps résisté à ses prières. Les soirées furent dès lors consacrées à l'étude des principes. Sous un pareil maître , les élèves se trouvèrent bientôt en état d'exécuter des quatuors composés pour eux et par conséquent à leur portée. »

« Il fut question de donner des sérénades , de se faire entendre en public , Garnier y consentit d'autant plus volontiers , qu'il vit l'occasion favorable d'accroître son petit corps de musique. »

» Cette détermination ayant été connue, les habitants se rassemblèrent au jour indiqué , pour entendre une réunion de sons qui n'avait jamais frappé les oreilles de la plupart d'entre eux. Garnier dirigeait les musiciens en jouant du hautbois. L'enthousiasme fut universel. On le pria de toutes parts d'enseigner la musique , ce qu'il accepta avec joie. Pour ne pas laisser refroidir des dispositions si favorables à son dessein , tandis qu'on attendait les instrumens nécessaires il démontrait les principes. Pleins d'émulation , les nouveaux élèves eurent bientôt atteint leurs émules . et en peu de temps un corps de musique militaire se trouva organisé à Lauris. Des marches , des valses , des pas-redoublés furent exécutés à la satisfaction générale. Depuis lors les soirées étaient devenues de véritables fêtes ; ce n'étaient que concerts , que sérénades , que bals. »

« La pompe religieuse ne fut pas négligée , les cérémonies pieuses reçurent de la musique un lustre jusqu'alors inconnu. Les habitans eux-mêmes s'aperçurent qu'ils avaient acquis à ces réunions, une aménité qui n'existait pas auparavant dans leurs manières. Voyant que ses élèves étaient parvenus à une certaine force , Garnier forma un corps d'harmonie par la réunion des chefs de parties , ce qui acheva de satisfaire l'oreille des habitants , devenue plus délicate par l'habitude d'entendre. »

Les phases de l'anecdote qui précède se sont , pour la plus grande partie , reproduites dans une localité , très voisine de la nôtre.

Il y a environ une trentaine d'années , un de nos respectables concitoyens, (1) grand amateur de musique , fut désigné par l'administration des Domaines , dans laquelle il était employé pour aller occuper nne place dans le bourg de X*** (2)

---

(1) M. Mondelot , receveur de l'enregistrement.
(2) Beuzeville , département de l'Eure.

Jamais , jusqu'à cette époque , *musique* autre que celle du violon des marchands de complaintes ou de chansons n'avait résonné dans l'endroit.

Comme après ses heures de bureau , il lui restait d'assez longs loisirs , il les employa à faire exactement ce que Joseph Garnier avait fait avant lui à Lauris , et au bout de quelques mois d'un travail assidu et persévérant , on fut étonné d'entendre une agréable musique d'harmonie , là , où jamais , nous l'avons dit, on ne s'était occupé de cet art et où l'on ignorait complètement ce que c'était qu'un accord. Il voulut bien un jour nous inviter à faire partie d'une des fêtes de la société qu'il avait si bien organisée , pour laquelle nous avions composé quelques morceaux d'harmonie militaire , et nous avons conservé un agréable souvenir de l'honneur qu'il nous a fait , et du plaisir que nous avons éprouvé à cette réunion d'amateurs.

Quoi que notre honorable concitoyen , soit depuis quelque temps revenu habiter Honfleur , sa ville natale , la musique qu'il a si bien fondée, existe toujours , malgré son absence , et embellit toutes les fêtes qui ont lieu dans la localité.

FALLOUARD.

PIANO ÉLECTRIQUE.

—

Nous lisions dans le journal le *Siècle* du 26 juin 1855 la description suivante d'un piano auquel une machine destinée à écrire subitement ce qu'on exécute sur son clavier se trouve adaptée. Il y a déjà bien longtemps que l'essai de mécaniques construites dans ce but a été fait sans que les résultats obtenus aient été satisfaisants. Nous avons fait à ce sujet des recherches qui vont suivre la description du *Piano électrique*, puisse ce nouvel essai réussir complètement, s'il en doit être ainsi on aura certainement par là rendu un immense service à l'art musical.

« Parmi les dernières applications de l'électricité, on peut citer un piano électrique disposé de manière à enregistrer électriquement une improvisation musicale. »

« Le piano est un piano ordinaire auquel on ajoute un appareil enregistrant. Cet appareil consiste en ceci : un cylindre mû par un mouvement d'horlogerie ; parallèlement à l'axe de ce cylindre , une série d'aiguilles d'acier égales en nombre aux notes du clavier , et appuyées par la pointe sur une bande de papier recouverte de cyanure de potassium qui , roulé sur un cylindre , se déroule et s'enroule sur un autre. »

« On place dans la caisse une pile dont l'un des pôles est mis en rapport avec de petites lames de cuivre qui garnissent les leviers des touches. Ceux-ci en se soulevant , rencontrent des ressorts métalliques qui communiquent avec l'autre pôle , et alors le circuit est fermé. Or , pour chaque touche , l'aiguille d'acier correspondante et le cylindre font partie du circuit ; de sorte que le courant traverse le papier et y laisse une trace bleue en décomposant le cyanure. Si le courant agit deux fois pendant le même tems , il donnera deux traces d'égale longueur , en d'autre cas, les longueurs seront inégales et cette égalité ou cette inégalité donne la valeur des notes. Reste à déterminer les notes elles-mêmes. »

« On y arrive en rayant d'avance le papier ou même en appliquant sur les traces un papier transparent rayé d'avauce. Lorsque le travail de détermination est fait, il ne s'agit plus que de traduire en langue musicale ordinaire les traces données par l'appareil. »

« Au lieu d'employer les aiguilles, on pourrait se servir, (mais le procédé serait coûteux) d'électro-aimans dont les armatures seraient munies de crayons. »

Voici maintenant ce que nous avons trouvé dans divers auteurs.

ENGRAMELLE (Marie-Dominique-Joseph), moine de l'ordre de St-Augustin, au monastère de la reine Marguerite, à Paris, naquit à Nédouchal, en Artois, le 24 mars 1727. Il se livra à l'étude des sciences et particulièrement de la musique. Il s'occupa surtout des instrumens à touches et de leur construction.

On rapporte que, vers 1757, un musicien italien se trouvant à la cour du roi Stanislas, en Lorraine. fit entendre des sonates de clavecin qui furent fort admirées, mais dont on ne put le faire consentir à donner communication. Instruit des regrets de Stanislas, Engramelle voulut les faire cesser et imagina une mécanique qui notait les pièces touchées sur un clavier au fur et à mesure qu'on les exécutait.

Le virtuose revint à quelque temps de là , toucha les pièces désirées , et peu de jours après , le père Engramelle lui fit entendre un instrument qui , non-seulement, répétait ses sonates , mais rendait fidèlement la manière et les agréments propres à l'exécutant. Sa surprise ne saurait se peindre , et il ne put s'empêcher d'applaudir lui-même à un larcin fait d'une manière si ingénieuse.

Selon Laborde (*Essais sur la musique* tome II , page 622) , l'invention du moine consistait dans un clavier de rapport placé sous le véritable , et dont les touches frappaient sur un cylindre couvert de deux papiers , l'un blanc , l'autre noirci ; le cylindre était mis en mouvement par une mécanique qui , à chaque tour , le faisait dévier de côté au moyen d'un axe à vis. La révolution totale était de quinze tours et durait trois quarts d'heure.

Toute cette histoire est peu vraisemblable. Le clavier ajouté aurait rendu celui du clavecin si lourd qu'on n'aurait pu le jouer que difficilement , et toute cette mécanique aurait fait assez de bruit pour avertir l'artiste de ce qui se passait : mais une difficulté bien plus grande est celle de la mesure , car la valeur des notes ne pouvait être représentée que par la distance perpendiculaire qui se trouvait entre les points , et cette distance était le résultat de la rotation du cylindre ; or comment supposer que la main qui imprimait le mouvement à la manivelle ait agi assez régulièrement et dans un rapport assez exact avec la mesure des pièces exécutées , pour que ces valeurs aient été fidèlement représentées ? au reste le père Engramelle n'est pas le seul qui ait essayé de noter par une mécanique les improvisations faites au clavecin , de pareils essais ont été faits en Angleterre et en Allemagne par MM. Freeke et Unger , ce dernier était conseiller secrétaire de la cour de Brunswick-Lunébourg.

Le mécanisme qu'il avait inventé consistait en tringles attachées aux touches du clavier , et obliquant vers le centre de l'instrument, à leur extrémité étaient fixées des tiges droites portant chacune un crayon destiné à tracer des points ou des lignes plus ou moins allongées sur un papier préparé qui se déroulait d'un cylindre sur un autre. Ce papier était divisé en lignes qui correspondaient aux touches *ut, mi , sol , si , ré , fa. la ,* &c. Les points ou les traits allongés que les crayons marquaient sur ces lignes ou dans leurs intervalles correspondaient à toutes les notes de l'échelle chromatique , et la longueur des traits était proportionnelle à la durée des sons. Mais les plus légers déplacements du papier sur les cylindres , et la difficulté de régler la rotation de ceux-ci pouvaient causer beaucoup de désordre dans le placement des lignes et dans leurs dimensions ce qui rendit à peu près illusoires les résultats de l'opération.

En 1752 , Hohlfeld , habile mécanicien de Berlin , exécuta , à la demande d'Euler , une machine semblable dont quelques parties furent approuvées par l'académie de Berlin bien qu'elle ne résolût pas complètement le problème proposé.

En 1783 , M. Gattay annonçait dans le journal de Paris n° 22 , l'intention d'exécuter une machine de ce genre qu'il avait inventée , mais qu'il ne fit point paraître lorsqu'on lui eut appris qu'un pareil mécanisme avait déjà été fait par un facteur de Berlin, qui comme lui , n'avait aucune connaissance d'une machine semblable décrite dans les *Transactions philosophiques* , (Londres 1747 , n° 183.)

Il résulte de ce qui précède que depuis plus d'un siècle les compositeurs , les improvisateurs , en un mot tous les musiciens , tous les savants qui se sont occupés de musique , ont cherché et fait chercher par tous les moyens, d'obtenir une mécanique reproduisant instantanément par des signes convenus le résultat de leurs combinaisons harmoniques et de leurs inspirations mélodiques. Il est évident qu'un tel instrument serait la plus heureuse innovation que pût recevoir l'art musical.

Que de fois , nous avons regretté qu'on ne pût retrouver de ces inspirations momentanées qui dans le secret de la maison viennent sous les doigts , et qui disparaissent aussi vite qu'elles arrivent ? avec un instrument qui remplirait le but tant cherché il n'est pas douteux que des richesses musicales inconnues jusqu'alors et d'une facture toute différente

de celles que nous avons l'habitude d'entendre , seraient reproduites.

Nous répéterons en terminant que nous formons
les vœux les plus sincères pour que le *piano électrique* arrive pour résoudre d'une manière complète et
entière , un problème depuis si longtemps en question !

VALLOUARD.

———◆———

On nomme *Variations* la composition musicale dans laquelle un chant, appelé *thême*, est reproduit successivement de diverses manières, avec des broderies qui servent à le varier, à l'embellir, ou le plus souvent à le gâter.

Le thême qu'on se propose de varier doit être simple, bien rhytmé, afin que les notes essentielles et caractéristiques du chant puissent apparaître et se distinguer au milieu de toutes les modifications qu'il plaira au musicien de lui faire subir.

Rien n'est plus facile que de composer des variations selon les formules adoptées généralement, nous pouvons en parler en toute connaissance de cause ayant travaillé à ce *métier-là* pendant un certain nombre d'années.

On commence par s'emparer d'un thème quelconque, autant que possible et pour la réussite de la vente, il faut qu'il soit d'un auteur à la mode, parce que sur le titre, son nom fera beaucoup d'effet ; puis ce thème étant choisi, on le dissèque, on le métamorphose de telle sorte, que l'inventeur ne le reconnaîtrait plus ; et cependant il est facile de remarquer que les auteurs de ces variations suivent une règle à peu près uniforme pour arranger les airs.

Suivons la progression : un thème a trois temps, une noire pour chaque temps, est présenté à l'exécutant de la manière suivante : tantôt en croches et doubles croches, tantôt en triolets ; ici en passages d'agilité, plus loin en tierces, en sixtes, en octaves. Ce n'est pas tout, la basse se dénature ; chacune de ses notes est allongée par une gamme ou perdue dans une foule de sauts d'un effet souvent désagréable. Ces moyens épuisés, on a recours aux arpèges ; puis, lorsqu'il semblerait que cette fureur d'allonger à l'infini un air noble ou gracieux sous des formes communes est un peu apaisée, vous entendez quelque chose qu'on décore du nom d'*Adagio* qui sert de prétexte à toutes les fantaisies, à tous les caprices les plus étrangers au sujet principal ; le mouvement en est lent , et se prête merveilleusement aux points d'orgue terminés par des fusées de notes qui s'éteignent insensiblement en parcourant les sons aigus , ou qui descendent avec furie et viennent éclater en grondant sur les notes graves de l'instrument.

Ce tableau si compliqué , dout l'adagio a formé le cadre , ne se trouve point achevé , et le *musicien-fabricant* dont le talent s'est montré sous tant de faces , complète son œuvre par des variations d'un mouvement plus précipité, tantôt sous la forme d'une polacca , d'un rondo, tantôt en changeant le rythme de l'air original et en le déguisant en mazurka , en valse ou en contre-danse.

Comme il faut finir d'une manière neuve , on s'en flatte du moins , on résume toutes ces variations en une seule , qui renferme les tours de force, les grandes difficultés , les casse-cou , en un mot tout ce qui peut servir à montrer avec avantage le mécanicien habile exécutant la musique.

Notez bien que dans la plus grande partie de cette *marchandise* , il y a malheureusement trop souvent absence de toute règle de contre-point , que des *énormités* contre les lois de l'harmonie s'y rencontrent, et que pourtant c'est avec de pareilles choses qu'on étudie la musique , ou au moins qu'on croit l'étudier !!

Nous ajouterons que lorsqu'on est bien au fait de

la *fabrication* des variations *destinées au commerce*, il n'est pas plus difficile et il n'en coûte pas beaucoup plus de peine pour en obtenir, que pour obtenir du kaléidoscope en le tournant près de l'œil des figures *variées*, seulement cela demande plus de temps.

Lorsque les grands maîtres tels que Haydn, Mozart, Weber, Beethoven, Cramer, Rodde, Hummel, etc., etc., se sont emparés d'un thême pour le varier, ils ont su le développer de telle sorte que l'intérêt va toujours croissant d'une variation à l'autre.

Ces hommes célèbres attachaient d'ailleurs peu d'importance à composer de telles œuvres ; mais cependant chacunes d'elles, prise isolément, présente toujours une sorte de discours dont les parties se succèdent avec liaison et régularité.

Et d'ailleurs ils ne songeaient point à sacrifier l'intérêt musical pour faire briller un instrument ; ils cherchaient à piquer la curiosité et exciter l'attention par l'invention des idées et les formes du style.

Nous nous permettrons ici une digression.

Il est fâcheux de l'avouer, mais nous en avons été trop souvent témoin. Il est à quelques exceptions près, un grand nombre de personnes qui croient *comprendre* quelque chose à la musique, et qui dans un concert, dans une séance musicale, font beaucoup plus d'attention et paraissent bien plus flattées de l'audition de tout ce fatras , de cette confusion de notes amalgamées les unes contre les autres , se succédant comme la *grêle* , qu'on nomme *variations* , qu'elles ne le sont des œuvres immortelles des maîtres illustres que nous avons nommés plus haut.

Cela vient de ce qu'aujourd'hui on n'étudie guère , ou plutôt on n'étudie pas les auteurs sérieux et classiques , et qu'un genre de musique *déplorable* , c'est ainsi que le qualifient tous les vrais artistes, inonde les salons.

On prend la *quantité* pour la *qualité ;* nous dirons à ces prétendus connaisseurs , qui *font* et *défont* la réputation des artistes avec aisance et facilité et en un clin-d'œil , qu'il n'en est pas d'une pièce de musique comme d'un trésor, plus celui-ci renferme d'écus , meilleur il est , mais la science ne se compte pas ainsi. Ils n'en savent pas davantage là dessus , et si vous leur faites quelques observations qui contre-carrent leur manière de *comprendre* , d'apprécier, de juger la musique et les musiciens. — « Nous ne sommes pas des artistes, diront-ils , nous ne nous occupons de musique que pour notre *agrément* et comme passe-temps. » — (réponse banale qui nous a été faite bien des fois) explication inutile , cela se voit du reste , réponse qui veut dire , à notre avis : — « Nous ignorons complètement la science de la musique et nous jouons avec cet art comme un enfant avec ses jouets , sans savoir ce que nous faisons. »

Mais revenons à notre sujet principal , parlons des modèles que nous offrent les œuvres des véritables maîtres qui devraient toujours servir de guides , aussi bien au compositeur qu'à l'exécutant.

Si nous voulions appuyer notre opinion sur un ouvrage important , nous citerions le concerto de Mozart ; et certes jamais type plus beau ne put être offert à ceux qui veulent écrire des variations.

Les artistes qui se donnent exclusivement à se genre de composition devraient jeter quelquefois un regard sur cette œuvre si belle du maître pour y étudier la marche qu'il a tracée.

Et si l'on voulait s'arrêter à citer parmi les habiles de la nouvelle école , on trouverait que Mochelès dans ses variations sur la marche d'Alexandre , H. Hertz dans sa fantaisie sur un thême du *Crociato* , et quelques autres compositeurs , ont su créer un genre dont les artistes médiocres se sont emparés en le dénaturant.

Il faut le dire , la réussite des spéculations commerciales basées sur le grand débit des airs variés , engagea plusieurs artistes, dont on avait droit d'attendre des œuvres plus importantes , à chercher des succès faciles , si toutefois on peut appeler cela succès ; c'est donc à eux qu'il faudrait s'en prendre si le goût musical se pervertissait en France.

Espérons que nous ne verrons plus les beaux motifs de Mozart , de Rossini , de Meyerbeer , d'Halévy et de tous nos grands compositeurs, arrangés d'une manière burlesque, perdre leur charme primitif sous les ridicules travestissements qu'on leur fait subir. Désirons que les chants qui font nos délices ne soient reproduits qu'avec toute la grâce et la noblesse qui doivent distinguer une véritable composition musicale.

FALLOUARD

NÉCESSITÉ

de l'Étude de l'Harmonie

Notre époque est certainement celle des virtuoses ; jamais le mécanisme dans l'art n'a été aussi surprenant. Et certes, si nos bons vieux pères revenaient assister à nos concerts , à nos spectacles , ils se regarderaient épouvantés , en entendant réaliser des difficultés qu'ils étaient loin même de supposer.

Qu'est-ce en effet que le clavecin de Mozart, le violon de Viotti ou le chant de la Saint-Huberti, comparé à Litz, à Vieux-temps ou à madame Ugalde? au temps de Viotti, les violonistes criaient gare l'*ut* !

Les virtuoses contemporains parcourent une octave de plus, sans faire la moindre contorsion épileptique. Les sonates de Mozart qui, jadis effrayaient les maîtres *en l'art de jouer* du *clavecin*, sont abordables aujourd'hui pour les jeunes filles de quinze ans ; et cependant ce progrès réel dans le mécanisme, n'a pas eu pour effet d'agrandir la spère artistique, au point de vue de la pensée ; de l'agilité, du brillant, en un mot beaucoup de bruit pour rien, et puis c'est tout, pourquoi ? c'est ce que nous allons essayer d'expliquer.

En l'art, le mécanisme n'est rien, s'il ne sert à rendre une idée. Appliqué à la musique vocale ou instrumentale, il est fatiguant si le sentiment et la connaissance approfondie de l'art ne président à l'exécution d'un chef-d'œuvre.

Le sentiment de l'art est insuffisant lorsqu'il n'est pas gouverné par la science, or, la science, qui en musique gouverne le sentiment, c'est l'*harmonie*, nous ajouterons aussi la *philosophie* de ce même art.

Comment voulez-vous qu'un exécutant interprète bien un maître, s'il ignore par quelle loi se meuvent les mélodies, et où se trouvent les aspérités harmoniques ?

Comment voulez-vous qu'un accompagnateur encadre avec justesse la pensée du compositeur , s'il n'a pas appris la ponctuation qu'exige l'enchaînement des accords ?

Le tragédien, pour bien déclamer , doit connaître toutes les règles de la poétique ; de même le musicien , pour bien exécuter , doit savoir les règles de l'harmonie.

C'est en voyant la manière de procéder , du plus grand nombre de professeurs de musique , que les idées qu'on vient de lire nous sont venues

Ils font parfois des chanteurs et des instrumentistes *très forts*, mais incapables de vivifier un type lyrique ou d'exécuter un quatuor de Beethoven , ce n'est certes pas le mécanisme qui leur manque.

Que leur manque-t-il donc ? 1° La connaissance de l'*harmonie* , et 2° celle de la *philosophie* de leur art.

Nous avons souvent vu de très habiles et très remarquables exécutants , ignorant même les renversements de l'accord parfait, puis nous les avons retrouvés livrés à eux-mêmes , et succombant malgré leur beau talent mécanique dans le monde idéal et scientifique de Mozart, Rossini, Beethoven, Weber et Meyerbeer.

Hélas ! nous les avons plaints ! car ce n'est pas leur faute, mais aujourd'hui on fait mûrir les élèves en *serre-chaude* ; il faut qu'ils brillent tout de suite quand ce ne serait que par le procédé Ruolz ; qu'ils fassent honneur au maître, (on appelle ce *brédouillement* l'honneur du maître), dans les salons où ils se font entendre, puis qu'ensuite, faute de synlèse, ils meurent d'impuissance.

Une autre lacune existe encore dans l'étude de la musique. Il faut le dire, trop de musiciens dédaignent la philosophie de leur art. Dans l'antiquité, la musique était cultivée par des poètes, des philosophes, des orateurs du premier ordre ; aussi ne voulait-on pas honorer du nom de musicien celui qui pratiquait seulement cette science par le ministère servile des doigts et de la voix, mais celui qui la possédait par le raisonnement. Et en effet, l'instruction du vrai musicien, se compose aussi de la connaissance des rapports des autres sciences, avec celle dont il s'occupe ; c'est ce qui explique la différence qu'on établit entre l'artiste distingué et le joueur d'instrument.

Pour terminer cet article, nous empruntons les paroles suivantes, au livre de M. J. Régnier de Nancy, ayant pour titre l'*Orgue* :

» Il y a des personnes , celles surtout qui aiment peu le travail sérieux , qui diront en lisant ce qui précède : Eh ! quoi, la science pour base, la science pour unique ressource ! Eh ! mon Dieu, oui, toujours la science ; car la science n'est pas seulement une grammaire, c'est l'ensemble de l'art , le résultat d'une foule d'expériences qui constatent le moyen d'arriver au but de cet art tout puissant, c'est-à-dire l'émotion religieuse ou profane. »

» Croyez-vous donc que l'agrément et la grâce ne soient pas de la science, et dans la science aussi bien que toute autre formule ? sans grâce , la science est incomplète, comme sans science, la grâce n'est qu'une frivolité. Avec la grâce , la science marche dans sa véritable allure, elle fait ce qu'elle doit faire, elle est ce qu'elle doit être ; non seulement elle étonne, mais elle touche, enfin, elle est elle même la science, la science complète et non pas seulement la grammaire. »

» La grâce n'est rien par elle seule , c'est l'attribut de quelque chose. C'est pourquoi la science lui est aussi essentielle , que la physionomie au visage. »

» Des bluettes sans science pourront séduire des organisations faibles (nous voyons cela tous les jours), et encore pour quelques instants , mais elles ennuieront tout de suite , elles impatienteront un homme digne du nom d'homme. »

» Une mélodie frêle sans aucun soutien scientifique, deviendra forte, aussitôt que la science lui aura
donné sa dose de fluide nerveux. »

» Ainsi la science sans grâce n'est pas la science ;
la grâce sans science n'est pas la grâce, ce n'est
rien, ce ne peut-être rien. Encore une fois, la grâce
est là ou se trouve la science parfaite. »

Employez donc, artistes et amateurs, tous les
moyens possibles, pour devenir autre chose que des
mécaniques plus ou moins exactes.

FALLOUARD.

BONS MOTS

des Anciens à propos de la Musique

On demandait un jour à Pyrrus, lequel il aimait le mieux de deux excellens musiciens, qu'on lui nommait, il répondit : le général Polyperque ! voulant faire voir par là que les guerriers sont au-dessus des artistes.

Pisistrate disait qu'il n'y avait point de musique plus agréable que d'entendre publier ses propres louanges.

———

Alcibiade s'étant adonné à l'éloquence au lieu de la musique qui était en vogue dans son temps : que ceux-là chantent, dit-il, qui ne sauraient parler ! !

———

Caton disait que les belles choses ont besoin d'être bien écrites comme les belles pierres d'être bien enchassées.

———

Agésilaus répondait à quelqu'un qui lui demandait pourquoi les Lacédémoniens allaient au combat au son de la flûte , que c'était pour discerner à la démarche les timides d'avec les vaillants.

———

Comme on voulait lui faire voir un homme qui contrefaisait le rossignol ; il dit : j'ai ouï plusieurs fois le rossignol lui-même , voulant dire par là que la nature valait mieux que l'imitation.

———

Archidamus entendant dire d'un homme : voilà un bon musicien , c'est comme qui dirait , dit-il , voilà un bon cuisinier ! mettant au même rang tous les artisans de la volupté.

Cela était un peu trop barbare !

———

Un Ephore coupant les deux cordes qu'un célèbre musicien avait ajoutées à la lyre. EMEREPE lui dit : N'as-tu point honte de vouloir corrompre la musique, et la rendre faible et éffeminée, de forte et mâle qu'elle était ?

———

On condamna à Lacédémone un musicien qui touchait la lyre avec les doigts, contre la coutume, pour ne point corrompre les mœurs de Sparte par des nouveautés.

———

Un Lacédémonien à qui l'on présentait une lyre après le repas, dit, qu'il n'entendait rien à badiner.

———

On demandait à ANACARSIS s'il n'y avait point de musique en son pays, il répondit qu'il n'y avait seulement pas de vignes. (A-t-il voulu dire par là que c'était la cause pour laquelle il n'y avait pas de musiciens ?)

———

SOCRATE apprit à jouer de la lyre en sa vieillesse disant, qu'il était toujours tems d'apprendre.

23

Diogène se moquait des musiciens , qui ont soin de mettre un instrument bien d'accord , sans se soucier d'accorder leurs passions.

———

Personne ne l'écoutant comme il discourait sur la Vertu , il se mit à chanter et chacun se pressant de l'entendre : Grands Dieux dit-il , qu'on est bien plus amoureux de la folie que de la sagesse ! !

———

Il dit à un fou qui accordait bien une lyre : Que ne songes-tu à mettre ton âme d'accord , aussi bien que ton instrument ?

———

Théophraste disait d'un auteur sans jugement , que c'était un cheval sans bride.

———

Zénon appelait la musique des instruments un concert de nerfs ou de boyaux raisonnables.

———

Metroclès disait que la science s'acquérait par le tems et le reste par l'argent.

———

Un musicien , dont les chansons étaient mal reçues , disait à Euripide pour se consoler , qu'il chantait pour soi et pour les muses. Un autre disait , qu'il ne se souciait point de l'approbation publique et qu'il ne lui fallait que la sienne.

———

Un musicien faisait chanter devant ses élèves des gens qui n'entendaient rien à la musique : C'est disait-il pour leur apprendre comme il ne faut pas chanter.

———

Un musicien se plaignant de ce que Denis le Tyran, ne lui donnait rien, après lui avoir fait de grandes promesses : Nous sommes quittes, dit-il, car tu m'as flatté l'oreille d'un doux son, et je t'ai entretenu d'espérance.

———

Un autre musicien se trouvant aussi dans le même cas, jetta les yeux sur lui en chantant ces mots : *tu aimes l'argent qui est engendré de la terre* ; mais lui sans s'émouvoir lui répondit : trouves-tu étrange que je l'aime, toi qui meures d'envie d'en avoir ?

———

Antigonus faisant chanter une courtisanne déjà sur l'âge demanda à une autre ce qui lui en semblait: qu'elle est vieille répondit-elle. Il l'interrogeait de la musique, elle répondait de la personne.

———

Un Lacédémonien en voyant un rossignol plumé, dit qu'il avait plus de voix que de chair.

Diogène nommait un mauvais musicien le Coq , parce que disait-il quand il chante tout le monde se lève.

———

Un Lacédémonien disait à un mauvais lecteur : si tu lis , tu chantes , et si tu chantes , tu chantes mal.

———

Nous avons extrait ce qui précède des APOPHTEG-MES ou bons mots des anciens , traduction de Nicolas Perrot *sieur* d'Ablancourt , édités à Paris chez Florentin et Pierre Delaulne , en l'année M. DC. XCIV. (1694).

FALLOUARD.

LE VULGAIRE SE CONNAIT PEU EN BEAUTÉ.

<center>~~~~~~~~~~</center>

On lit ce qui suit dans les *Bourdonnemens* par AL-
PHONSE KARR , que nous trouvons dans le feuilleton
du journal *le Siècle* du 24 juilllet 1855.

« J'entends parler quelquefois de musique qui a
vieilli , d'esprit qui a vieilli , etc. »

« Peut-être serait-il bon de s'entendre là-dessus.
Pour la musique surtout. L'esprit se défend lui-mê-

me. Mais comme on n'est pas très musicien en France; comme dans une salle de théâtre où l'on applaudit à tout rompre , les deux tiers pour le moins applaudissent pour se mêler au bruit et au succès qui se fait , ou pour être vus applaudissant ce qu'on applaudit ; comme on n'a pas après tout une parfaite conscience du beau , comme on n'ose pas s'exposer à applaudir tout seul , ni avouer son plaisir sans être sûr qu'un très grand nombre prend plaisir à la même chose ; il est à craindre , et les exemples n'en sont pas rares , qu'avec des phrases comme celle-ci : « Musique vieillie , » on ne laisse dormir un quart de siècle dans les cartons et grignoter par les rats un certain nombre de chefs-d'œuvres du génie humain , en même tems qu'on laisse un peu trop de place aux billevesées bruyantes que la mode prend sous sa protection. »

« Il est parfaitement vrai qu'une partition , qu'un livre que l'on entend ou qu'on relit dix ans ou vingt ans après un immense succès , prend quelquefois un petit air vieillot , rechigné , chevrottant , et que cela fait dire : « C'est curieux comme l'esprit humain change : voilà qui était très beau il y a dix ou vingt ans, et qui est insupportable et ridicule aujourd'hui. »

Cela tient à un point. c'est que ce n'était pas beau il y a dix on vingt ans. »

« Le vulgaire se connaît peu en beauté ! !

Après avoir parlé de différents caprices de la mode l'auteur termine ainsi :

« La musique qui a dû son succès à cela qu'elle s'est affublée des vacarmes à la mode , doit périr avec cette mode ; »

« Et le livre qui a fait tant de bruit parce qu'il était fait avec les idées , avec les phrases , avec les mots à la mode , ne peut être lu qu'une fois. »

« L'un et l'autre ont été très riches de gloire pendant quelques jours , mais ils ont mangé leur fonds avec le revenu. »

« Au contraire , le livre fait avec du génie ou avec de vrai esprit , et la musique faite avec de vraie mélodie , n'ont leur succès qu'auprès l'élite du public et des connaisseurs ; mais ils l'ont et le conservent à jamais. »

Nous n'avons pu résister au plaisir que nous éprou-

vons de reproduire ici ce passage du spirituel écrivain. Nous entendons tous les jours des appréciations
si *saugrenues* , surtout en fait de musique , que nous
croyons devoir proclamer pour notre compte que
jamais rien de plus vrai que ce qu'on vient de lire
n'a été écrit.

Fallouard.

On adresse souvent des conseils ou des reproches aux élèves , mais ils ne devraient pas toujours s'appliquer exclusivement à eux. Pourquoi les maîtres ne prendraient-ils pas quelquefois leur part du blâme qu'on déverse si bénévolement sur la classe des écoliers et des amateurs ?

24

Il est une vérité qu'il ne faudrait pas oublier, c'est que les exemples valent mieux que les leçons orales; et quand un professeur vient réprimander des poses, des contorsions ridicules ou une sorte d'affectation sentimentale, il devrait parfois, jeter un regard sur lui-même, et dire naïvement : suivez mes conseils, mais ne m'imitez pas.

Le musicien qui se prépare à jouer en public, doit avoir un extérieur modeste, une noble assurance, et les manières dignes d'un artiste qui respecte les auditeurs devant lesquels il vient poser pour captiver leurs suffrages.

Nous voulons critiquer ici quelques-unes de ces manies pitoyables, de ces pantomimes risibles dons plusieurs artistes croient indispensables d'accompagner les morceaux qu'ils exécutent : le public le voit et s'en moque. C'est ainsi que l'homme de talent neutralise l'effet des impressions qu'il a produites ; et l'on oublie complétement les jouissances qu'il a procurées pour se rappeler le grimacier ridicule.

Voulez-vous quelques tableaux, entrons dans cette salle de concert : les acteurs vont arriver et donner leur petite représentation. Un artiste *distingué* doit venir. Le silence règne parmi les spectateurs : ils attendent, car il est de bon ton de se fairer désirer. Viendra-t-il ? ne viendra-t-il pas ? — On a mis son nom sur le programme ... chut ! le voici !! Venez, mesdames, levez-vous, accourez, c'est un homme qu'il faut *voir* jouer ! car après *Munillo* faisant sa partie de domino il est encore extraordinaire ! le voici ! Il jette un long regard sur cette vaste salle où les auditeurs haletans se coudoient et se heurtent... il attaque une note , une seule note ! nous sommes frappés d'étonnement ! Quel début et cependant le doigt qui a mis en vibration une telle note appartient à une main d'homme ! Retirez-vous que je voie celui qui a produit une telle note ! O homme trois fois heureux ! que dis-je mille fois heureux de pouvoir jeter à ton gré dans nos âmes , le trouble ou le plaisir , la douleur ou la joie ! ce n'est pas tout la machine exécutante s'anime ; au début mystique , doux et lent succède la folle fantaisie le *grain* de notes et tout le tremblement , alors un sourire de contentement se peint sur la face de l'artiste , objet de notre sollicitude , les nuances les plus variées , des tours de force prodigieux viennent pétrifier les spectateurs , quel talent ! quelle agilité ! quel gracieux balancement ! quel abandon ! il doit être bien fatigué ! s'écrie une dame compatissante. Pauvre Monsieur ! dit une autre , a-t-il une chaise mécanique ? comme il faut du travail pour arriver à un tel dégré de force !! Assez , mesdames , assez ; et moi aussi j'ai mal à *ses bras* et surtout à ma pauvre tête; admirez le prodige , mais ne l'imitez pas , et plaignez-moi.

Patience , voici la romance personnifiée dans un beau garçon empesé avec sa cravate. Ouvrez votre cœur aux douces émotions et observez les gestes du chanteur. Des larmes roulent dans ses yeux et rendent sa voix touchante. Pleurez , a-t-il l'air de me dire ; maudit esprit de contradiction ! je ris comme un fou. Et cependant la romance va son train ; les mots : c'est *délicieux* , *vaporeux*, *enivrant* frappent mes oreilles. Je joins ma satisfaction à la satisfaction générale qui se termine avec la dernière roulade.

Une autre *espèce* de musiciens de salon qui aujourd'hui a presque tout-à-fait disparu , existait encore il y a quelques années , nous voulons parler du *guitariste* ! A son entrée il saluait et semblait dire : » *Je vous présente mes respects , que vos cœurs soient toujours comme des rosiers fleuris.* Il s'asséyait ; après une demi-heure employée à fixer les cordes ; il faisait entendre un son harmonique ! Faites-en autant, messieurs , avait-il l'air de dire , impossible ! Un seul homme a pu s'élever jusqu'au son harmonique, et cet homme vous l'avez devant les yeux ! » On voyait sa figure s'épanouir à chaque trait ; à chaque accord il levait la main droite et la dirigeait avec emphase vers les spectateurs en ayant l'air de dire : « C'est à vous que j'adresse ces improvisations légères : allez , auditeurs bénévoles , puissiez-vous les retrouver dans vos songes ! Ordinairement le supplice des auditeurs finissait en même tems que le dernier arpège. Nous ne parlons de celui-là que pour mémoire.

Ces indications suffisent , ne nous arrêtons] pas à d'autres types, il faudrait bien des articles pour les décrire. Jeune homme , qui avez embrassé la profession de musicien , ne nuisez point à votre talent par des manières déplacées : ce serait vous préparer une mystification , soyez toujours simple et naturel en vos manières. Vous , jeune fille , n'affectez point les mignardises en usage , chantez sans efforts , ne contractez pas votre figure ; ce serait faire naître un sentiment de commisération. Ces grimaces qui tordent votre bouche , ce front plissé , cette main sur votre cœur , tout cela ne touche pas. Au théâtre , les gestes expressifs dépourvus de l'action ou du motif qui les cause sont des contresens , dans un concert , c'est une pasquinade.

Concluons de ce qui précède, que les affectations, les grimaces , les minauderies , sous quelque forme qu'elles se témoignent sont blâmables , et jettent sur l'artiste un vernis de charlatanisme qui nuit essentiellement à sa réputation.

Fallouard

LE VIOLON.

L'étude du violon est depuis quelques années négligée, surtout en province, et la cause en est dans l'engouement que la classe des amateurs éprouve pour le piano et pour les instruments de cuivre. Nous n'entreprendrons pas ici de combattre ce goût du jour, notre but aujourd'hui est de parler du violon, de ce roi des instruments, de celui qui sera toujours le premier et le plus nécessaire de tous et pour lequel, toutes les œuvres les plus savantes et les plus sérieuses ont été écrites par les auteurs les plus célèbres.

Nous commencerons par parler des ouvrages que l'on nomme *Études* et nous donnerons quelques notices biographiques sur leurs auteurs.

Nous diviserons en cinq époques différentes la succession de ces études.

La première époque connue date de 1733 ; c'est alors que furent publiés les 24 caprices de LOCATELLI, intitulés *l'art du violon*.

Ce violoniste célèbre était né à Bergame en 1693, il montra fort jeune de si heureuses dispositions pour la musique , que ses parents se décidèrent à l'envoyer à Rome pour étudier le violon sous la direction de Corelli. Il voyagea beaucoup et se fixa enfin à Amsterdam, où il établit un concert. Il mourut en 1764. Parmi les contemporains de cet artiste , il en fut peu même chez les professeurs, qui aient aperçu tout ce qu'il y avait de neuf et d'inventé dans les *Caprices énigmatiques*. Locatelli y a fait usage de beaucoup de procédés nouveaux dont Paganini a fait son profit.

STAMITZ fit ensuite des études pour violon seul. Ce savant artiste naquit en 1719 à Deutschbrod en

Bohême, où son père était maître d'école, ses études
ne furent dirigées par aucun maître distingué. Il ne
dût qu'à lui même son talent sur le violon et dans
la composition. Doué d'un génie original, il mit dans
sa musique plus de légèreté et de brillant qu'on n'en
trouvait dans les œuvres des compositeurs Alle-
mands de son temps. Ses symphonies précédèrent
celles de Haydn, et peut être ne furent-elles point
inutiles au développement du génie de ce grand
homme. Stamitz mourut à Manheim en 1762, à l'âge
de quarante-deux ans.

A la même époque *Sébastien* BACH composa douze sonates pour violon seul.

GUILLEMAIN donna aussi ses *amusemens* pour violon seul, ouvrage qui a joui d'une grande célébrité.

Il a encore existé pendant cette première époque,
d'autres ouvrages que nous nous dispenserons de citer.

Nous ne parlerons ici de l'illustre Sébastien Bach,
que pour donner l'époque de sa naissance et celle de
sa mort. Il naquit à Eisenach, le 21 mars 1685 et
mourut à Berlin le 30 juillet 1750. Il fut le plus grand
musicien de toute l'Allemagne. Compositeur et organiste célèbre, sa biographie ne serait pas ici à sa
véritable place.

GUILLEMAIN, violoniste Français, qui eut de la réputation vers le milieu du dix-huitième siècle, naquit

à Paris le 15 novembre 1705. On ignore le nom de son maître, mais il est vraisemblable qu'il dut principalement à ses heureuses dispositions, à son travail et à l'étude qu'il fit des ouvrages de CORELLI, (nous parlerons plus loin de ce maître), l'habileté qu'il acquit sur son instrument. Il se distinguait surtout par la dextérité de sa main gauche, qui lui permettait de doigter des passages dont la difficulté rebutait ses contemporains. Après avoir été musicien ordinaire de la chapelle et de la chambre du roi et avoir écrit beaucoup de musique, il devint fou, et le 1er octobre 1770 pendant qu'il se rendait de Paris à Versailles, il se tua de quatorze coups de couteau près de Châville.

CORELLI (Arcangelo) naquit à Fusignano, près d'Imola, sur le territoire de Bologne, au mois de février 1633, et la mort le frappa le 18 janvier 1713 à Rome.

Corelli est le type primitif de toutes les bonnes écoles de violon, aujourd'hui même, bien que l'art se soit enrichi de beaucoup d'effets inconnus de son temps, l'étude de ses ouvrages est encore une des meilleures qu'on puisse faire pour acquérir un style large et majestueux. Corelli avait fait de bonnes études de composition et écrivait bien.

Pour terminer cette première époque nous rappelerons *l'art de l'archet* par TARTINI (*Joseph*).

Ce grand artiste était né à Pirano en Istrie, le 12

avril 1692. Il n'a pas moins contribué au perfectionnement de l'art de jouer du violon par ses compositions pour cet instrument , que par les élèves qu'il a formés. Son style est en général élevé et ses idées ont de la variété, son harmonie a de la pureté sans sécheresse, aucun instrumentiste célèbre n'a montré autant de fécondité que lui.

A l'âge de soixante dix-huit ans , il fut atteint du scorbut et mourut le 16 février 1770 à Padoue , il y fut inhumé dans l'église Ste-Catherine.

La seconde époque de notre classement d'études écrites pour le violon date de 1784 ; Fiorillo publia alors les siennes qui furent reçues par le public avec le plus grand succès. Les nombreuses éditions de cet ouvrage, qui ont paru tant en France , qu'en Italie, en Allemagne et en Angleterre, attestent assez son mérite.

Fiorillo (Frédérick) était né à Brunswick en 1753. Dans sa jeunesse, il se livra d'abord à l'étude de la mandoline , sur laquelle il acquit une habileté peu commune ; mais il renonça bientôt à cet instrument pour cultiver le violon et quelques années de travail le mirent en état de se placer au rang des violonistes les plus distingués de son époque. En 1785, il se fit entendre à Paris , avec succès , au concert spirituel , et publia quelques ouvrages qui furent favorablement accueillis. Vers 1788 , Il s'éloigna de

Paris et se rendit en Angleterre , où il passa le reste de sa vie. Il paraît qu'il vivait dans une grande obscurité , car les auteurs du *Dictionnary of Musicians*, publié à Londres en 1824 , avouent qu'ils n'ont recueilli aucun renseignement sur lui. En 1823 , il vint à Paris , pour se faire traiter par le célèbre chirurgien Dubois , d'une maladie qui exigeait les soins d'un habile opérateur , et dont il guérit. Il retourna en Angleterre et on croit que sa mort eut lieu peu de temps après son retour. Presque tous les ouvrages de cet artiste sont maintenant oubliés ; un seul lui a survécu, mais celui-là suffit pour perpétuer le souvenir de son talent : On comprend qu'il s'agit de ses *Etudes de Violon*, ouvrage éminemment classique. Quelles que soient les variations du goût et les caprices de la mode, les études de Fiorillo seront toujours utiles à ceux qui voudront analyser l'art de jouer du violon.

Bruni , dans ses études de violon qui parurent vers la même époque que celles de Fiorillo , nous transmit la pureté de la belle école Lombarde.

Cet artiste était né à Coni , en Piémont , le 2 février 1759. Il se livra à l'étude du violon sous la direction de Pugnani et eut pour maître de composition Spezziani , de Novare. Venu en France à l'âge de 22 ans , il entra à l'orchestre de la comédie italienne comme violon et publia successivement quatre œuvres de Sonates de violon , vingt-huit œuvres de Duos , dix-sept œuvres de Quatuors , quelques Concertos et des Etudes. Ses Duos sont particulièrement

estimés. Il résida à Paris jusqu'en 1816 , époque à
laquelle il retourna dans sa patrie. Il mourut à Coni
en 1823.

PUGNANI (Gaetan) , qui avait été son maître , était
né à Turin en 1727. Elève de Somis , son compatriote, il reçut de lui les traditions de Corelli. Devenu
habile sur son instrument , il fit le voyage de Padoue pour consulter Tartini sur son jeu , et ne dédai-
gna pas de se mettre sous sa direction dans l'espoir
de perfectionner son talent. Le roi de Sardaigne le
choisit, à l'âge de 25 ans , pour occuper les places
de premier violon de sa chapelle et de directeur de
ses concerts. Il mourut à Turin en 1803 , à l'âge de
76 ans. Pugnani avait un maintien noble , et aurait
passé pour un bel homme , si la prodigieuse dimen-
sion de son nez n'avait gâté la régularité des autres
traits de son visage. Son talent d'exécution se faisait
remarquer par un beau son , une manière à la fois
large et chaleureuse , et beaucoup de variété dans
l'articulation de l'archet.

Nous classerons dans cette seconde époque d'*Etudes de Violon* la sonate énigmatique pour violon seul,
composée par NARDINI , c'est sans contredit un chef-
d'œuvre de mélodie et de science d'archet , qui fait
le plus grand honneur à l'école Florentine.

NARDINI (Pierre) , naquit à Tibiana , village voisin
de *Monte Lupo* , dans la Toscane , en 1722. Dans
les premières années de son enfance , il étudia le vio.

lon. Plus tard il se rendit à Padoue où il passa plusieurs années , occupé à étudier cet instrument sous la direction de Tartini. Ses heureuses dispositions et les leçons de l'excellent maître lui firent faire de rapides progrès. Il vint à Livourne à l'âge de vingt-quatre ans , où il se fit entendre dans les églises et dans les concerts , avec succès.

Nardini , mourut à Florence , le 7 mai 1793 , à l'âge de soixante-onze ans. Cet artiste ne brillait point par des prodiges de mécanisme dans l'exécution des difficultés ; inférieur sous ce rapport à Locatelli son prédécesseur ; il eut en compensation un son d'une admirable pureté , dont l'analogie avec la voix humaine était remarquable , et dans l'adagio , il fit toujours admirer son expression pénétrante.

Nous ne croyons pas devoir faire mention d'autres auteurs de mérite qui parurent à cette époque , parce que la nomenclature en serait trop longue.

———

Nous classerons comme troisième époque, le moment où parurent les vingt quatre matinées du célèbre GAVINIÉS , ouvrage digne de la plus grande réputation, mais qui devrait être mieux senti et plus étudié par les personnes qui se destinent à l'art du violon.

GAVINIÉS (Pierre) naquit à Bordeaux , le 11 mai

1728 , suivant l'*essai sur la musique* de La Borde , et selon une notice de madame de Salm , le 26 mai 1726. La dernière date est plus vraisemblable , car il aurait eu treize ans au lieu de onze lorsqu'il fit admirer son talent à Paris. On ignore le nom du maître qui dirigea ses études ; il y a lieu de croire qu'il ne dut qu'à lui-même et aux occasions qu'il eut d'entendre quelques bons violonistes italiens, la rare habileté qui le distingua , et qui fit de lui le chef de l'école française de violon. Les caractères principaux du talent de cet artiste consistèrent principalement en un mécanisme d'archet , qui lui permettait de se jouer des plus grandes difficultés , en une justesse parfaite , en un style imposant , enfin, en une expression pleine de charme et de sensibilité, particulièrement dans l'adagio. Ce sont ces grandes et rares qualités qui frappèrent Viotti lorsqu'il eut entendu Gaviniés, et qui le lui firent appeler le *Tartini* français.

La jeunesse de Gaviniés fut orageuse , sa passion pour les femmes lui attira une foule de tribulations que nous ne décrirons pas ici. Dans l'âge mûr, il eut toutes les qualités de l'homme estimable , et de ses premiers écarts il ne lui resta que cette rectitude de jugement, cette connaissance des hommes et des choses , enfin , cette exquise politesse qui s'acquièrent par la fréquentation du grand monde.

Gaviniés forma conjointement avec Gossec l'entre-

prise du concert spirituel, et jamais cet établissement
ne fut aussi bien administré que par ces deux artistes.

Comme professeur , Gaviniés ne se distingua pas
moins que comme virtuose. Il a formé beaucoup
d'élèves qui possédèrent un très bon mécanisme du
violon.

Gaviniés mourut le 9 septembre 1800 , considéré,
nous l'avons déjà dit, comme le chef et le fondateur
de l'école française du violon.

Cet artiste avait des connaissances assez étendues
en littérature. Il avait été lié d'amitié avec J.-J. Rous-
seau.

GUENIN (Marie-Alexandre) violoniste et compositeur , né à Maubeuge (Nord) , le 20 février 1744 ,
commença l'étude du violon à l'âge de six ans et fit
de rapides progrès sur cet instrument. En 1760, son
père l'envoya à Paris pour y développer son talent.
Guenin prit des leçons de Capron pour le violon
(nous parlerons plus bas de cet artiste) , et de Gossec pour la composition. En 1773 il se fit entendre
avec succès au concert spirituel , dans un concerto
de sa composition.

En 1777 , le prince de Condé le choisit pour être
intendant de sa musique ; l'année suivante, il fut ad-

mis dans la chapelle du roi , et la place de premier violon solo lui fut confiée en 1780.

Cet artiste qui mourut à Paris en 1819 , a publié huit œuvres de duos et sonates qui sont considérées comme d'excellents morceaux d'étude.

CAPRON, habile violoniste , l'un des meilleurs élèves de Gaviniés, débuta au concert spirituel en 1768, il a publié en 1769 , six sonates (études) pour le violon. Capron avait épousé en secret la nièce de Piron, qui, devenu aveugle , feignit de n'en rien savoir, mais il disait quelquefois : *Je rirai bien après ma mort, ma bonne Nanette a tout le paquet.* En effet, lorsqu'on fit l'ouverture du testament qu'il **avait fait,** on trouva ces mots : *Je laisse à Nanette, femme de Capron, musicien, tous mes biens , etc., etc.*

Gaviniés avait eu encore, comme élèves remarquables, Lemierre, Paisible, Le Duc aîné, l'abbé Robinot, Imbault et Baudron.

———

Nous fixerons la quatrième époque des études de violon au moment où trois habiles professeurs du conservatoire , guidés par la plus noble émulation , se sont appliqués à publier chacun un ouvrage dans ce genre , et nous ont donné trois chefs-d'œuvre.

M. KREUTZER aîné a ouvert la lice dans ses quarante études, il y a déployé tout ce qu'on pouvait attendre de son talent d'artiste et de la profondeur de son génie musical.

M. BAILLOT a aussi publié des études , la vaste et hardie conception de cet ouvrage le place à côté de son émule.

M. HABENECK a composé aussi des caprices (études) très recherchés des amateurs.

Enfin M. RODE , paraît après ces grands maîtres et ne leur cède en rien, il a su dans son œuvre, unir toute la fraîcheur et toute la douceur de la plus brillante mélodie avec la science et le génie profond de son illustre maître M. Viotti dont le nom seul dispense de tout éloge.

M. LIBON , élève de Viotti ainsi que M. Rode , a publié aussi des études dignes de sa réputation.

Nous allons donner quelques notes biographiques sur ces illustres violonistes.

KREUTZER (Rodolphe) naquit à Versailles le 16 novembre 1766 , il était fils d'un musicien de la chapelle du roi , qui lui enseigna les éléments de la musique. Dès l'âge de cinq ans il montra les plus heureuses dispositions pour cet art ; particulièrement pour le violon, qui lui fut enseigné par Antoine Stamitz , violoniste allemand , et qui a fondé une école.

Les progrès du jeune Kreutzer tinrent du prodige :

il avait à peine atteint sa douzième année , que déjà il faisait pressentir ce jeu brillant et plein de verve par lequel il excita depuis lors l'enthousiasme du public dans tous les concerts où il se fit entendre.

Lors de l'organisation du conservatoire de musique Kreutzer y fut appelé comme professeur de violon : il s'y fit bientôt distinguer par les excellens élèves qu'il forma.

Il parcourut la carrière artistique la plus brillante que l'on puisse imaginer et mourut à Genève où il était allé pour sa santé , le 6 janvier 1835.

BAILLOT (Pierre-Marie-François-de-Sales) naquit à Passy près Paris le 1er octobre 1771. Dès l'âge le plus tendre Baillot annonça de rares dispositions pour la musique , et le violon avait tant d'attraits pour lui qu'il parvînt à jouer sur cet instrument plusieurs airs sans les avoir appris.

Nous n'entreprendrons pas ici la biographie de cet artiste célèbre. Nous dirons seulement que lorsque le conservatoire de Paris fut définitivement constitué, et que tous les genres d'études y furent mis en activité. Baillot y fut appelé pour y fonder une école de violon dont les conditions principales étaient de résumer ce qu'il y avait de meilleur dans les anciennes écoles Italienne , allemande et française. Gaviniés , vénérable chef de celle-ci, descendit alors dans la tombe, et laissa à ses successeurs la mission de créer par éclectisme un nouvel ordre de choses.

L'ouvrage classique le plus remarquable et le plus parfait de Baillot, est la nouvelle méthode qu'il a publiée en 1835, sous le titre l'*Art du Violon.*

HABENECK (François-Antoine), aîné de trois frères de ce nom, est né à Mézières, le 1er juin 1781. Il est plutôt connu par son habileté de chef d'orchestre que comme violoniste, c'est pourquoi nous ne parlerons pas ici de cet artiste éminent.

RODE (Pierre) violoniste, naquit à Bordeaux, le 26 février 1774. Un musicien médiocre lui enseigna les élémens de la musique. Arrivé à Paris en 1787, il fut présenté à Viotti, qui l'accueillit avec le plus tendre intérêt et qui entreprit de perfectionner son talent par ses leçons.

Comme compositeur pour son instrument, Rode mérite d'occuper une place parmi les plus distingués. Son instruction dans l'art d'écrire avait été négligée, et d'abord, il dut avoir recours à ses amis pour instrumenter ses concertos, mais ses mélodies ont une suavité remarquable.

Il mourut le 25 novembre 1830.

Nous dirons ici quelques mots de ses études.

M. Rode a suivi une méthode fort sage dans la marche diatonique de son ouvrage. Sa première étude est en *ut* majeur, la deuxième en *la* mineur, et il a suivi successivement et jusqu'à la 13e, la progression des modes diézés.

A partir de la 13e étude il a pris une marche rétrograde en commençant par *sol* majeur et ainsi de suite jusqu'à la 24e qui finit en *ré* naturel mineur.

Malgré la nouveauté et la fraîcheur du style, les amateurs des anciens ouvrages sur le violon trouvent encore à se satisfaire dans la 18e étude en *fa* mineur. M. Rode a voulu par là nous donner la preuve qu'il n'a pas dédaigné d'apprendre une partie de son art dans les œuvres des anciens maîtres.

Nous n'avons plus qu'à parler de M. LIBON (Philippe), né à Cadix le 17 août 1775, et mort à Paris le 5 février 1838. Quoique doué d'un talent des plus remarquables, cet artiste fut beaucoup moins connu que ceux dont les noms précèdent.

C'est dans cette cinquième et dernière époque que nous trouvons le plus grand nombre d'habiles violonistes de grands maîtres et de compositeurs pour le violon, mais les bornes qui nous sont imposées ne nous permettent pas de parler de tous, nous nous arrêterons seulement sur trois de ces célébrités, qui, à notre avis , représentent complètement l'époque actuelle, car on ne suit plus aujourd'hui, que les modèles qu'ils nous ont donnés , ce sont MM. Robberechts, C. de Bériot et Paganini.

ROBBERECHTS (André), né à Bruxelles le 13 décembre 1797 , se livra de bonne heure à l'étude de la musique, et fit de rapides progrés sur le violon, sous la direction de M. Vander Planken , bon professeur de cette ville. Admis au conservatoire de Paris au commencement de 1814, il y obtint le 29 décembre de cette année l'accessit de violon. Les évènements d'alors le forcèrent de retourner en Belgique. Viotti ayant visité Bruxelles, le jeune Robberechts sollicita la faveur de jouer devant lui , et le grand artiste fut si satisfait des qualités de son jeu, qu'il le prît pour élève.

Nous passerons sur beaucoup de détails de sa vie pour dire qu'en 1830, il vînt habiter Paris , où il a constamment resté depuis lors, et où il est considéré comme un des artistes les plus distingués et les plus modestes.

Au mois d'avril 1851 , nous avons eu l'occasion d'entendre dans deux soirées à Honfleur un de ses élèves les plus distingués , M. Luigi Elena , dont la renommée grandit tous les jours. Il exécuta alors avec une perfection infinie trois morceaux de son maître. *1° Pastoralle avec sourdine, 2° Air varié dédié à sa mère,* et enfin , *sa grande fantaisie romantique.*

Ces soirées font époque dans la mémoire de ceux qui y ont assisté.

DE BÉRIOT (Charles-Auguste) , issu de parents nobles et d'une famille ancienne et considérée , est né à Louvain le 20 février 1802. Doué par la nature du sentiment d'une exquise justesse d'intonation unie dans son jeu à un goût naturel et plein d'élégance avec son esprit méditatif et n'ayant aucun modèle qu'il pût imiter dans ce qui l'entourait, il chercha en lui-même le principe du beau dont il ne pouvait avoir de notions que par l'action spontanée de son individualité.

Après avoir brillé à Paris , de Bériot partit pour l'Angleterre où il ne fut pas moins bien accueilli, surtout dans les voyages subséquens qu'il y fit , à Londres et dans quelques autres villes de la Grande-Bretagne , il donna des concerts où son beau talent se fit applaudir avec transport.

Il en fut de même à Naples, où il se fit entendre dans un concert donné au théâtre St-Charles, et où il obtint un succès d'enthousiasme fort rare chez les italiens , car cette nation passionnée pour le chant , n'accorde que peu d'attention aux instruments.

Toutes les œuvres qu'il a publiées sont devenues le répertoire habituel du plus grand nombre des violonistes.

Les journaux du mois de juillet 1855 , nous apprenaient que ce célèbre artiste qui réside aujourd'hui à Bruxelles , venait d'être atteint de cécité complète sans aucun espoir de guérison.

PAGANINI (Nicolas) le virtuose violoniste le plus extraordinaire et le plus renommé du 19e siècle, naquit à Gênes le 18 février 1784.

« Un homme de beaucoup d'esprit , Choron , disait en parlant de Weber : « C'est un météore ! » Avec autant de justesse pourrait-on dire de Paganini : « C'est une comète ! » car jamais astre enflammé n'apparut plus à l'improviste au ciel de l'art, et n'excita, dans le parcours de son ellipse immense , plus d'étonnement mêlé d'une sorte de terreur, avant de disparaître pour jamais. »

Il eut pour premier maître Jean Servetto , homme de peu de mérite , mais il ne resta pas longtemps sous sa direction ; son père le confia aux soins de Giacomo Costa , directeur d'orchestre et premier violon des églises principales de Gênes.

Plus tard il prit des leçons de Rolla , mais son plus grand maître, fut cette persévérance sans exemple , par laquelle il parvint à se jouer de difficultés qui furent considérées comme insurmontables par les autres artistes, lorsqu'il en publia un spécimen dans un cahier d'*études*.

Un grand mérite se révélait dans les compositions de Paganini : nouveauté dans les idées , élégance dans les formes , richesse dans l'harmonie et variété dans les effets de l'instrumentation.

Son fils , Achille Paganini , doit publier une édition complète des œuvres de son père , édition qu'il a eu raison , sous un rapport , de ne point laisser paraître prématurément ; car malgré les progrès rapides que fait aujourd'hui , grâce à Paganini , l'art du violon , du côté du mécanisme, de pareilles compositions sont encore inabordables pour la plupart des violonistes , et c'est à peine même si à leur lecture on comprend comment l'auteur put jamais les exécuter. Il faudrait écrire un volume pour indiquer tout ce que Paganini a trouvé dans ses œuvres d'effets nouveaux , de procédés ingénieux , de formes nobles et grandioses , de combinaisons d'orchestre qu'on ne soupçonnait même pas avant lui.

Paganini est de ces artistes desquels il faut dire : Ils sont , parce qu'ils sont , et non parce que d'autres furent avant eux. Malheureusement ce qu'il n'a pu transmettre à ses successeurs, c'est l'étincelle qui animait et rendait sympathiques ces foudroyants prodiges de mécanisme.

Paganini mourut à Nice , le 27 mai 1840, à l'âge de 56 ans.

On comprend que les bornes de cet article ne nous

permettent pas de donner d'autres détails sur la vie et le talent si extraordinaires de Paganini ; une foule de notices ont été écrites à ce sujet par divers auteurs.

Nous terminons ici ce court résumé de l'histoire de *l'Art du Violon*, nous pensons avoir indiqué méthodiquement la suite des ouvrages qui contiennent l'enseignement de ce bel art.

Nous avons été forcés de resserrer le cadre de nos articles, au lieu de les étendre et à nous borner aux choses les plus intéressantes faisant partie de notre sujet. Les artistes décideront si nous nous sommes trompé dans notre plan ou dans la manière de l'exécuter.

FALLOUARD.

LE PÈRE BRIC - A - BRAC.

(Historique.)

J'étais allé passer quelque temps à Rouen au mois d'août 1847 , comme mes loisirs étaient grands , je m'amusai beaucoup à explorer les boutiques de brocanteurs qui se trouvent en grand nombre dans le quartier Martainville et sur la place Saint-Marc (ci-devant Clos Saint-Marc). J'y achetai même quelques livres et divers objets qui me parurent assez curieux.

Une de ces boutiques situées en plein vent sur la place St-Marc , me parut mieux tenue et mieux en ordre que les autres , je m'en approchai et je vis , qu'en effet , tous les livres qui s'y trouvaient exposés étaient parfaitement classés , que chaque science avait sa place spéciale , qu'en un mot le propriétaire de la chose en savait plus qu'il n'en fallait pour la profession qu'en ce moment il exerçait.

J'aperçus entr'autres *in-folio* le fameux ouvrage de Dom Bédos, de Celles, Bénédictin de la congrégation de Saint-Maur à Saint-Denis en France , ayant pour titre l'*Art du Facteur d'Orgues ;* après en avoir débattu le prix avec le marchand , il me le laissa au dernier mot à *cent francs* Ce prix qui peut sembler élevé tout d'abord ne l'était pas trop en ce temps là, je vais en expliquer plus loin la raison , et je m'y serais laissé prendre s'il n'eût manqué deux planches dans le volume des gravures , mais ceci m'arrêta.

Voici la cause pour laquelle cet ouvrage n'était pas d'un prix trop élevé alors. Il était le seul qui donnât des instructions pour la construction des orgues , mais depuis cette époque (en 1849) M. Hamel , de Beauvais , a publié dans la collection des Manuels-Roret , le manuel du *Facteur d'Orgues ,* contenant d'abord l'ouvrage de Dom Bédos , plus tous les progrès et perfectionnements de la facture jusqu'à ce jour , le tout en trois volumes avec un fort bel atlas de quarante-trois planches gravées et du prix de dix-huit francs , on comprend que la publication de l'ouvrage de M. Hamel a nécessairement fait diminuer de beaucoup les exemplaires de Dom Bédos qui peuvent se trouver encore à vendre.

Mais revenous à notre sujet,

En examinant avec soin l'étalage de notre bouquiniste , je lus : *assortiment de musique* , et tout aussitôt je plongeai la main dans un monceau de poussière et de partitions dépareillées.... un quatuor (partie de basse) à côté de variations sur le motif principal de : « Quand on n'a pas ce que l'on aime, il faut aimer ce que l'on a ..... » J'étais désappointé. Le revendeur qui aime , à ce qu'il paraît , la naïveté dans l'art , se prit à me *couver* d'un sourire protecteur : « Oh ! ce que nous en faisons, me dit-il, c'est, voyez-vous , pour le public ; nous mettons *assortiment* pour ceux qui ne se donnent pas la peine de vérifier.... Vous , c'est différent , vous êtes amateur ; ce n'est pas ici que vous trouverez votre affaire....

Je n'avais rien à repondre , en moins d'un quart-d'heure , mon revendeur débitant son chapelet , m'avait catalogué *de mémoire* les manuscrits les plus curieux qui nous restent de la musique des XIe, XIIe et XIIIe siècles. Je restai ébahi. J'avais affaire à un ancien bibliomane , relieur-amateur , que sa passion des livres avait ruiné deux fois , et qui était tombé à cette extrémité.

Ayant habité fort longtemps Paris avant de venir faire son commerce en province, il me parla beaucoup et avec ivresse de deux manuscrits très précieux qu'il avait vus entre les mains de feu Alexis Monteil, le célèbre historien ; l'un était un missel de l'abbaye de Marmoutier, avec musique écrite en notes franconiennes et remontait au XIe siècle ; le second une *musique de messes*, écrites du temps de Gui-d'Arezzo.

— A propos, s'écria-t-il, accordez-vous l'invention d'ut, ré, mi, fa, sol à Gui-d'Arezzo ?... Monteil a posé cette question à M. Fétis qui a laissé enterrer l'interrogateur avant de lui répondre. Savez-vous que la notation lombarde à points losangés se trouve dans des manuscrits antérieurs de deux siècles au prétendu inventeur de la gamme ?.... »

Je m'excusai de ne pouvoir répondre. Dans le fait, j'étais interdit. Je me contentai de marmotter : « Savantus, savantasse, savant homme ! tu pourrais bien avoir raison. »

Lui, sans se douter de mon embarras, continua par une brusque transition :

— « Et Beethoven ?... Parlez-moi de celui-là ! en voilà un qui a trouvé autre chose que les sept notes de la musique... Ah ! il avait trop de génie ! Et dire pourtant que Dieu l'a rendu sourd... Sachez, Monsieur, que j'ai été pendant quinze jours en posses-

sion d'un quatuor *inoui*, — c'est le mot, — écrit
de la main de cet homme sublime ! J'en étais fier,
allez, j'allais tous les jours m'extasier devant .... Eh
bien ! savez-vous ce que Beethoven avait écrit au-
dessus de la portée dans le prélude de la composition ?.... Je ne dis pas cela à tout le monde, mais
je veux bien vous le dire, à vous... — Il avait écrit :
Faut-il forcer l'inspiration ?... comprenez-vous ? ....
le génie sentait l'orage monter, le vase allait débor-
der... vous allez voir .... Et quelques pages plus loin
on lisait : OUI, OUI, FORÇONS LA !... d'une écriture
frémissante et tremblée. C'était jeté là comme un
boulet de canon arrivant à toute volée contre un tas
de sable, et envoyant à droite et à gauche des écla-
boussures... Le coup de foudre allait éclater.... il
éclata ! Ce fut dans le finale que la chose arriva....
Mais ces messieurs les musiciens déclarent la chose
injouable.... que voulez-vous y faire ?

Le marchand enthousiaste avait fini, lui aussi,
mais en accompagnant ces dernièrs mots d'une pantomime indescriptible, un haussement d'épaules ra-
pide et interminable qui dénotait un épuisement complet. J'étais aussi vaincu que lui : L'émotion insépa-
rable du terrible dénouement des gros drames ne
m'aurait pas absorbé davantage.

La conversation du père Bric-à-Brac m'avait paru
si intéressante que je retournai le voir un autre
jour dans l'espoir d'apprendre de lui encore quelqu'histoire musicale peu connue, voici en effet ce

qu'il me raconta après avoir longtemps parlé biblio-
graphie.

Nous ignorons tous , me dit-il , les richesses musicales perdues par suite du peu de soin que le plus
grand musicien de l'Allemagne, Jean Sébastien Bach,
prenait de ses manuscrits. Sa fécondité était prodigieuse ; aussi le nombre de ses ouvrages fut-il considérable. Il est même douteux qu'aucun musicien ait
écrit autant que lui. Malheureusement on imprimait
peu de musique en Allemagne de son temps ; ses
compositions restaient en manuscrits ; il les donnait
à ses élèves qui les conservaient, mais après leur
mort elles passaient en d'autres mains et il est certain qu'il s'en est égaré beaucoup qui peut-être ne
se retrouveront plus.

Quelques artistes zélés se sont mis à la recherche
de ces précieux restes du plus grand des musiciens,
et ont fait connaître quelques chefs-d'œuvres qui doivent faire désirer la prompte publication de tout ce
qui s'est conservé des productions de ce beau génie.

Puis après un instant de silence , le père Bric-à-
Brac reprit : Puisque mes récits paraissent vous in-
téresser , je vais vous parler d'un vol qui fut fait au
célèbre Haydn.

Ce grand musicien ayant eu quelques chagrins de
cœur , se sentit entraîné à composer un œuvre de six
quatuors qui étaient tous dans le mode de mineur

Suivant sa coutume , il en laissa le manuscrit sur son piano et oublia complètement les idées renfermées dans cet ouvrage , comme cela lui arrivait quand il avait écrit quelque chose. Quelque temps après , il voulut revoir cet œuvre , dont il avait bonne opinion , mais ce fut en vain qu'il le chercha : le manuscrit avait disparu et jamais Haydn ne le revit. Ce qui ajoute à la singularité de cette anecdote, c'est que le voleur ne profita pas du trésor qu'il avait dérobé : jamais ces quatuors n'ont vu le jour.

Je remerciai avec effusion le père Bric-à-Brac de la complaisance qu'il avait eue de me raconter ce qui précède. Je pris congé de lui en l'assurant que je ne viendrais jamais à Rouen sans aller le voir, et le lendemain je revenais à Honfleur par le bateau à vapeur.

Je me suis informé dernièrement de lui , et j'ai appris avec peine qu'il avait terminé sa carrière beaucoup trop studieuse , pour les conséquences qui en étaient résultées.

Fallouard.

28

FRAGMENTS.

FRAGMENTS.

Il est un genre de composition qui défraie plus
d'un concert, qui s'insinue dans plus d'un programme, qui s'infiltre audacieusement entre l'austère
quintette pour instruments à cordes et la grave sonate de Beethoven. Cette composition musicale, qui
n'est rien et qui est beaucoup, cette étincelle d'inspiration, cet éclair fugitif, ces quelques lignes jetées au vol et qui doivent contenir toute une pensée,

parfois tout un drame ; ce feuillet détaché , en un mot , c'est la romance.

Pour en faire une bonne , une *neuve* surtout , il faut tout bonnement avoir du *génie* , et Schubert en a dépensé une large part dans ses *mélodies*. Toutefois , malgré les difficultés qu'il y a à composer des romances , des centaines de musiciens s'aventurent hardiment dans cette voie , de sorte qu'il serait impossible de compter le nombre de romances qui se publient chaque année , autant vaudrait essayer de compter les grains de sable au bord de la mer.

Du reste , les auteurs font assez peu de frais d'imagination pour ces sortes de compositions musicales. Le sujet des poésies ne varie guère. C'est toujours une mère qui endort son enfant , une fiancée qui attend son fiancé , un conscrit qui revient au pays ou qui en part. Puis vient ensuite la romance maritime : la Corvette , l'Orage , les Adieux du marin , etc., etc.

Quant à la forme musicale , elle varie peut-être encore moins , si c'est possible. C'est toujours l'éternel motif de huit mesures (heureux quand le motif est bon) ; puis la bienheureuse modulation à la quinte pour revenir par une banale formule , ou lorsqu'on se croit fort en harmonie par quelques accords déchirants, à un refrain quelconque se composant de *oh ! oh ! oh !* ou de *ah ! ah ! ah !* très prolongés , à l'audition duquel un *certain* public qui

passe dans les petites villes pour très connaisseur ,
jubile , frappe du pied en mesure (ou à peu près)
sur le plancher et remue la tête en cadence.

Voici une remarquable définition du solfège :

« Il est la voie austère qui conduit à la connaissance de l'art musical. Sans lui , en musique , pas
de réussite. Avec lui les gracieuses sérénades chantées sous les balcons par les tièdes nuits d'été , avec
lui les refrains en chœur à la fin des bruyantes chansons , et les nocturnes modulés à trois voix pendant
les promenades sur l'eau ; — avec lui les hymnes
sacrées et les saintes prières sous la forme majes-
tueuse du plain-chant traditionnel ; avec lui ....
la source de toute musique.

Nous reproduisons ci-dessous une ancienne petite
pièce de vers , inconnue de la plus grande partie
des musiciens contemporains :

LES MOUVEMENTS DE LA MUSIQUE.

A quatorze ans, *amoroso* ,
C'est l'instant de cueillir la rose ;
A vingt-ans , *allegro-molto* ,

Chantez vivement et sans pause ;
Jusqu'à trente ans , *sostenuto* ;
A quarante-ans , *ritardendo* ;
Tacet à cinquante , et pour cause ,
L'air deviendrait *doloroso* ;
En amour , jamais de *solo* ,
Aimer seul , est sottise extrême ,
Il faut être aimé quand on aime !
Mezzo-forte dans le *duo* ,
N'y chantez pas à perdre baleine ;
Expressivo dans les soupirs ;
Moderato dans les désirs ;
Mais *presto* , coulez sur la peine ,
Et *piano* dans les plaisirs.

—————

Paganini disait en parlant de l'Italie :

« Sur cette terre on naît pour chanter ; en France
« on naît pour gazouiller ; en Allemagne pour ton-
« ner , et en Angleterre pour payer. En Italie la
« musique est partout : sur la terre , sur la mer,
« dans les arbres , chez le pauvre et chez le riche.
« Vous n'avez pas de pain et vous chantez , vous
« êtes couvert d'or , vous chantez encore. Je crois
« que la mélodie vient du feu. La terre , l'air et le
« ciel de l'Italie ne forment qu'un foyer de flammes,
« voilà pourquoi les italiens chantent toujours.

—————

Nous lisons dans *l'Allemagne*, par Mme de Staël, le passage suivant où il est question de neige, de chaumières et de musique vocale :

« Les habitants des villes et des campagnes, les soldats et les laboureurs, savent presque tous la musique. Il m'est arrivé d'entrer dans de pauvres maisons noircies par la fumée du tabac, et d'entendre tout à coup, non seulement la maîtresse, mais le maître du logis, improviser sur le clavecin, comme les italiens improvisent en vers. L'on a soin presque partout, que les jours de marché, il y ait des joueurs d'instruments à vent, sur le balcon de l'hôtel-de-ville, qui domine la place publique ; les paysans des environs participent ainsi à la douce jouissance du premier des arts.

« Les écoliers se promènent dans la rue le dimanche, en chantant des psaumes en chœur. On raconte que Luther fit souvent partie de ces chœurs dans sa première jeunesse.

« J'étais à Eisenach, petite ville de Saxe, un jour d'hiver si froid que les rues mêmes étaient encombrées de neige. Je vis une longue suite de jeunes gens en manteau noir, qui traversaient la ville en célébrant les louanges de Dieu. Il n'y avait qu'eux dans la rue, car la rigueur des frimats en écartait tout le monde, et ces voix presque aussi harmonieuse que celles du Midi, en se faisant entendre au milieu d'une nature si sévère, causaient d'autant plus d'attendrissement. Les habitants de la ville n'o-

saient , par ce froid terrible , ouvrir leurs fenêtres ;
mais on apercevait derrière les vitraux , des visages
tristes ou sereins , jeunes ou vieux , qui recevaient
avec joie les consolations religieuses que leur offrait
cette douce mélodie. »

George Hainl dit que « le chant et la musique ne
sont devenus populaires en Allemagne que parce
qu'ils font partie *essentielle* et *obligatoire* de l'éducation du peuple et non par suite d'une disposition naturelle , comme on le croit généralement. »

Par la propagation de sociétés d'orphéonistes en
France , on arrivera à des résultats analogues.

Fallouard.

CATALOGUE.

CATALOGUE

(daté de 1855)

DES OEUVRES COMPOSÉES PAR P.-J.-M. FALLOUARD

Organiste de Ste-Catherine de Honfleur.

◆

ŒUVRES ÉDITÉES.

MUSIQUE MILITAIRE.

Deux Marches et un Pas-Redoublé........ op. 1
Une Valse, une Marche et un Pas-Redoublé op. 2
Deux Marches et une Valse............... op. 5
Trois Pas-Redoublés.................... op. 7
Une Valse et deux Pas-Redoublés........ op. 9
Variations en Harmonie militaire .... op. 6

CHANT, — PIANO et DUOS.

CHANT.

Le Proscrit, romance, accomp. de piano ou guitare.
Le Soir ,   id.   id.
Si tu voulais m'entendre (chansonnette à 2 voix) ,
    accompagnem. de piano ou guitare.

Le Berger timide (chansonnette) , accomp. de piano
  ou guitare.
La Jeune Epouse (romance) accomp. de piano.
Les Hirondelles   id.   id.
La Prière du Soir   id.   id.

PIANO.

Six grandes Valses brillantes............ op. 3
Variations pour Clarinette avec accomp. de
  piano ou de quatuor................ op. 8
Deux quadrilles de contre-danses à quatre
  mains sur des motifs originaux...... op. 10

Nota. — Les œuvres ci-dessus désignées ont été
éditées chez C. Marescot , et celles qui suivent, chez
M.-A. Aulagnier , éditeurs de musique à Paris.

Trois Duos concertants pour 2 clarinettes. op. 11

ARRANGEMENTS POUR DIVERS INSTRUMENTS.

Airs de danse de la *Sylphide* , musique de Schneit-
  zœffer , arrangés en Duo pour deux clarinettes.
Les mêmes arrangés pour deux flûtes.
Trois Quadrilles de la *Sylphide* arrangés pour deux
  clarinettes.
Huit Quadrilles , sur des motifs de divers compositions modernes, composés par Baudouin, et arrangés :   1° Pour deux violons ;
              2° Pour deux flûtes ;

3° Pour deux flageolets ;

4° Pour deux cornets-à-pistons.

Ces quadrilles ont été aussi arrangés à quatre mains.

Bonbonnière Lyrique, contenant un choix des plus jolis motifs des compositeurs modernes, arrangés pour la clarinette en quatre suites.

Six Duos brillants pour flûte et violon, composés par E. Walckiers, la partie de violon arrangée par Fallouard.

Neuf Duos brillants pour flûte et violon, composés par F. Mazas, la partie de flûte arrangée par Fallouard.

Ouverture d'Anne de Boulen, musique de Donizetti, arrangée pour le piano à quatre mains.

La même ouverture arrangée pour deux violons.

    id,   id.   pour deux flûtes.

    id.   id.   pour deux clarinettes.

L'Italienne à Alger, musique de Rossini ; accompagnements de guitare de huit morceaux de cet opéra.

Deux nocturnes de Rossini, *Adieux à l'Italie*, — *Le Départ*, accompagnements de guitare, par Fallouard.

ŒUVRES INÉDITES.

Noëls et *Cantiques* variés pour l'orgue.

Cinq *Magnificat* en chœur, à trois parties, pour voix égales avec accompagnement d'orgue.

O Salutaris et *Motets* pour différentes fêtes de l'année, au nombre de huit.

Litanies de la Ste-Vierge à trois parties.

Deux *Domine Salvum* (chœurs à trois parties).

Alleluia , *O Filii* , à trois voix sur trois sujets différents.

Inviolata , — *Ave verum* , — *Adoremus* , — *Rorate*,
— *Kyrie et Prose des Morts* , — *De Profundis* ,
O Salutaris Hostia Sacra , plains-chants harmo-
nisés à trois parties avec orgue.

Kyrie Eleïson , fragment d'une messe solennelle à
trois voix, non terminée.

Prière des Mariniers , chœur français à trois parties.

Salve Regina à deux chœurs.

Trois Mélodies dédiées à M. Godard , curé de Sainte-
Catherine de Honfleur , et à lui offertes le lendemain de la 1re communion en 1850 , 1853
et 1855. Une voix avec accompagnement de
piano.

Vingt-quatre Romances avec accompagnement de
piano.

Douze pièces pour l'orgue ou harmonium.

Grand Offertoire brillant et solennel , en *mi* mineur.
> id.   pour le jour de Noël ;
> id.   pour la 1re communion ;
> id.   pour les fêtes de la Ste-Vierge.

Thême varié (original) pour l'harmonium.

Air de la Reine Hortense, (*Partant pour la Syrie*) varié , pour l'orgue.

Emma ! grande Valse brillante pour le piano.

Trois Morceaux brillants pour sorties d'offices.

Six Quadrilles pour deux violons , cornet , flageolet,
basse et contre-basse.

Vingt pièces concertantes pour ophicléide en *si bémol*

et orgue.
Trois Pas-Redoublés pour fanfare.
Trois morceaux d'harmonie formant une messe militaire.
Six Valses pour le piano.
HONFLEUR , Quadrille pour le piano.
Six Quadrilles pour violon seul.
Valses pour mnsique militaire.
Pièces d'orgue pour *Magnificat* dans les huit tons de l'Eglise.

TABLE.

TABLE.